「食」のプロフェッショナルを目指す

フード
コーディネーター
の仕事

祐成二葉 ［監修］　久保木 薫 ［編著］

中央経済社

フードコーディネーターを目指すみなさんへ

祐成陽子クッキングアートセミナー講師
料理家・フードコーディネーター
祐成二葉

　みなさん，フードコーディネーターというと，どんな人をイメージしていますか？　テレビの料理コーナーやドラマ，雑誌やさまざまな企業のサイトで見るような料理写真の料理を準備したり，器などを揃えたりする人でしょうか。それとも，料理教室で料理を教える人でしょうか。

　食べることが好きだから，器やスタイリングに興味があるから，またなんとなく興味があって…など，この本を開いた理由も，いろいろあると思います。そこでこの本では，さまざまな分野の第一線で活躍中のフードコーディネーターの体験談（Part 2・p.29～）を中心に，食の世界に関わりたいと思っている人のために，フードコーディネーターとはどんな仕事なのか，どんな人が向いているのか，どんな勉強が必要かなどを簡潔にまとめてあります。

　フードコーディネーターとひと口にいっても，実はさまざまな仕事があります。フードビジネスのあらゆる分野にフードコーディネーターの仕事があり，働き方もさまざま。フリーランスのフードコーディネーターもいれば，企業の一員としてメニュー開発や販促物の制作にフードコーディネーターの知識や技術を発揮している人もいます。自分でお店や会社を立ち上げ，経営している人もいます。

　食の世界は奥深いもので，意外な活躍の仕方もあります。たとえばマーケティング会社でフードコーディネーターの知識を活かし，食のマーケティングを専門に仕事としている人もいますし，広告代理店で食品会社を担当し，その専門知識を活かしている人もいます。編集者やライター，カメラマンも，食の知識を強みにして仕事をしている人がいます。

食べることはどんな人にとっても一生のことです。最近では，外食，中食産業もどんどん変化しています。これからも新しい食ビジネスが生まれてくるはず。フードコーディネーターが活躍できる場は，まだまだたくさんあると思うのです。

　私は祐成陽子クッキングアートセミナーのメイン講師として1期生から指導していますが，最近では男性の受講生も増えましたし，地方はもとより海外から来てくださる人もいらっしゃいます。企業の一員として働いている人もいますし，子育てが一段落してから，もうひとがんばりしたいという人もいます。
　せっかくフードコーディネーターに興味を持ったのなら，まずは思いきって一歩を踏み出してみませんか。積極的に行動していくと，小さなきっかけから，仕事は必ず生まれてくるものです。

PROFILE
すけなり・ふたば

ドイツマイスター校卒業。5年間のヨーロッパ留学で世界の料理やお菓子，テーブルコーディネート，店舗演出など幅広く学ぶ。帰国後，祐成陽子クッキングアートセミナーのメイン講師に就任，後輩を育成する一方，フードコーディネーターとして雑誌，書籍でのレシピ考案，スタイリングや，テレビ出演，食育，防災食に関する講演など，活躍の場を広げている。

CONTENTS

Part 3 ════════════════════════

あなたはフードコーディネーターに
向いている？　向いていない？ ……… 111

Part 4 ════════════════════════

フードコーディネータースクールって，
どんなところ？ ……… 123

Part 5 ════════════════════════

フードコーディネーターの
「資格」について知りたい！ ……… 133

Part 6 ════════════════════════

フードコーディネーターは，
一生続けられる仕事です！ ……… 137

COLUMN　祐成陽子クッキングアートセミナー校長から，あなたへ。

監修：祐成二葉

協力：祐成陽子クッキングアートセミナー

〒160-0002　東京都新宿区四谷坂町2-20

TEL: 03-5269-1807

https://www.sukenari.co.jp

構成・取材：久保木　薫

デザイン：志岐デザイン事務所

本書に掲載のデータは2021年7月時点のものとなり，予告なく変更される場合がありますので，ご了承ください。

1

フードコーディネーターって，
どんな仕事?

フードコーディネーター…なんとなく興味はあるけれど，
どんな仕事なのかよくわからない。
そんな人も少なくありません。
ひと言でいえば，「食」に関するスペシャリスト。
さまざまな「食」の分野で，さまざまな仕事があります。
年齢や性別，住んでいるところは不問。
やる気さえあれば，活躍の場はたくさんあります。

Q1

そもそも，
フードコーディネーターって？

A1

食に関するあらゆるシーンで活躍する人。
それが，フードコーディネーター。

「フード」は食べもののこと。「コーディネート」は物事を調整したり，まとめたりすることです。フードコーディネーターとひと口にいっても，その仕事内容は多岐にわたります。テレビ，映画や雑誌，広告などに登場するおいしそうな料理を作る，演出するのもそうですし，レストランのメニュー開発，商品開発，料理教室の運営，レストランやカフェの運営もフードコーディネーターの仕事です。最近では，食関連のイベントなども各地で開催されていますが，そうしたイベントの企画立案，メニュー提案，制作，演出などを手がける人もいます。

つまり，食に関するさまざまなシーンで活躍できるのがフードコーディネーターです。上に挙げた仕事内容をすべてこなさなければならないというわけではありませんが，複合的に関わることも多くあります。

一見，食には関係なさそうなシーンでも，フードコーディネーターの能力が必要となることがあります。たとえば食器の企画開発などには，実際に調理の知識や器のスタイリングのセンスが必要となることがあります。料理を作るだけではない，広い視野を持ったフードコーディネーターが求められています。

Q2

フードコーディネーターには
どんな人が向いているの？

A2

食に関することが好きな人，大歓迎。

　前述のとおり，フードコーディネーターの仕事はとても幅広いのですが，すべてにおいて，食べることが好き，料理を作るのが好きなど，「食に興味がある」というのは大前提です。

　常に食の世界の最前線を追う仕事ですから，「新しもの好き」な人も向いていると思います。食べものを扱う仕事ですので，スピードが勝負となることも多くあります。体を動かすことが苦にならないとか，片づけ上手，収納上手な人にもフードコーディネーターは向いています。

　若い人でないと務まらないという仕事ではありません。食の業界以外で仕事をしてきた人が，一念発起してフードコーディネーターに転身したり，専業主婦だった人が，今までの経験を活かして活躍したりしているという例も多くあります。フードコーディネーターというとなんとなく女性が多いと思われがちですが，最近では男性のフードコーディネーターもたくさんいます。

　仕事内容がバラエティに富むだけに，自分の能力を活かせる場所もたくさんあるのがフードコーディネーターの仕事です。

Q3

どんな技術，知識が必要ですか？

A3

一番必要なのは
「"食"が好き!」という気持ちです。

　食に関する仕事ですから，調理の技術や食材，栄養に関する知識を身につけておくと大きなアドバンテージとなります。いま，あなたが進路で悩んでいるのであれば，どういったフードコーディネーターを目指すのかということにもよりますが，大学や短期大学の栄養学科や家政科などで食について幅広く学んだり，調理の専門学校で調理技術を身につけることをおすすめします。卒業時に栄養士や調理師の資格を取得できるなどのメリットもあるでしょう。

　もちろん，そうした学校を卒業していないとフードコーディネーターにはなれないということではありません。技術や知識以前に，必要なのは「"食"が好き」という気持ちです！

13

Q4

器のスタイリングの仕事がしたいのですが，
料理を作るのはちょっと…。

A4

興味を持って接することが，大事です。

　　フードコーディネーターにはさまざまな仕事がありますが，そのなかでも器やカトラリー，テーブルクロスなどのスタイリングを専門に行う人のことをフードスタイリストといいます。このシーンならこんな料理を，この料理ならこの器を，と要望に合わせたシーン作りをするのがフードスタイリストの仕事です。実際の現場では，料理家が料理を作り，フードスタイリストが器を準備するのですが，その料理の良さをどう引き出すかはスタイリストの腕にかかってきます。料理が好きであれば，その料理を深く理解することにつながりますし，その本当の良さを引き出す方法をいく通りも提案することができるでしょう。実際に作ることが苦手でも，興味を持って接することができれば，大丈夫。

　　「コーディネート」は，さまざまな物事を調整したり，まとめたりすることです。一見関連のなさそうな事柄が，実は密接に関わってくることもあります。これは得意じゃない，あれは苦手といって目を背けるのではなく，広い視野でさまざまなことに興味を持つことが大切です。

Q5

具体的には
何を，どうやって勉強すればよいでしょうか？

A5

近道は，
トータルに学べる養成機関。

　一番の近道となるのは，やはりフードコーディネーター養成機関や，フードコーディネーター課程のある専門学校へ行くことかもしれません。

　必要となる調理技術や，食材についての知識はもちろん，レシピ開発，スタイリングなど実践的な内容をトータルに学びながら，食のシーンを演出するセンスを養うことができます。まずはどんなフードコーディネーターを目指しているのか，それに向けて役立つ授業内容であるか，また，卒業生がどんなふうに活躍しているのかなどを調べてみることをおすすめします。可能であれば，実際にその機関，学校を見学させてもらい，自分に合ったところを検討するとよいでしょう。

　Part 4（p.123～）では，実際にどのようなカリキュラムでどんな勉強をしているのかを紹介しています。参考にしてください。

フードコーディネーターになるには，
どんな資格が必要ですか？

A6

フードコーディネーターは, 資格ではなく, 「実力勝負!」の世界です。

　現在, フードコーディネーターに関する国家資格はありません。各種団体, 養成機関が独自に発行する民間の資格はあります。そうした養成機関などの資格があれば, 有利に働くことは間違いありません。これからフードコーディネーターを目指す人は, チャレンジしてみるのもいいかもしれません。

　しかし, この資格を持っていれば, 必ずフードコーディネーターとして働けるということではありませんし, 資格がなくても, さまざまなシーンで活躍するフードコーディネーターはたくさんいます。フードコーディネーターは, ミュージシャンやカメラマンのようにその人その人のセンスや能力がものを言う職業=実力勝負の世界なのです。本当の力を身につけることが重要です。資格については, Part 5 (p.133〜) も参考にしてください。

Q7

地方に住む会社員です。
仕事を辞めて大都市に
移り住まなければならないでしょうか？

A7

活躍できる場は，あちこちに。

　　テレビの収録や雑誌の撮影などの際に活躍するフードコーディネーターは，たしかに大都市で活動しているイメージがあるかもしれません。でも前述のとおり，フードコーディネーターの仕事は多岐（たき）にわたり，大都市でしかできない仕事ではありません。活躍できる場所はたくさんあります。

　　得意の料理を活かした料理教室や店舗の運営，地方局のテレビ出演や撮影など，地方で活躍している人は多くいます。フードコーディネートを学び，料理だけでなく，スタイリングやメニューの組み立てなどを身につけて，「予約の取れない料理教室」の人気講師になった人もいますし，食まわりの雑貨のコーディネーターとして全国を飛び回る人も。リモートワークがめずらしくなくなったいまでは，メニュー開発からスタイリング，撮影まで一連の作業を一人でこなして納品するというやり方もあります。

　　たとえば会社に勤めていても，社員として働きながら，ダブルワークとしてフードコーディネーターの仕事をこなしている人もいます。フードコーディネートの知識があれば，商品開発やメニュー提案，イベント時のフード関連事業に関わることもできるでしょう。旅行代理店に勤めながらフードコーディネートの勉強をして，グルメツアーなどのプランニングを任されるようになった人もいます。住んでいる場所や環境が有利，不利になることはありません。

食には興味があるのですが，
センスには自信がありません。

A8

「興味津々」。
これがセンスを磨きます。

　料理やお菓子が好きでよく作るという人でも，盛りつけや器選び，テーブルコーディネートが得意でないという人はたくさんいます。それでも，フードコーディネーターを目指すのであれば，そうしたセンスを磨いていくことも大切です。

　食関連のことはもちろん，そうでない分野のことにも興味を持つようにしてみましょう。たとえばおいしい料理やお菓子を食べに行ったとき，その料理やお菓子だけでなく，食器やインテリア，流れている音楽などにも注目してみるのです。自分の好みに合う，合わない，店全体のトータルな雰囲気に合っている，合っていないなど印象をメモしておくのもよいでしょう。旅先で出会ったステキなものを記録しておくのもいいですね。

　そんな視点でいろいろなものを見ると，実際に自分がスタイリングをするときのヒントになったりします。これは一例ですが，こうしたことを続けていくうちに，少しずつセンスのよさが身についてくると思います。センスは磨いていけばよいのです。

Q9

40代主婦です。
これからでもフードコーディネーターに
なれるでしょうか？

A9

経験してきたことが「強み」になります。

　　フードコーディネーターを目指すのに，年齢はまったく関係ありません。「もう〇〇歳だから」とか「子育て中だから」といってあきらめるのはまだ早い！

　　子育てが一段落してから，会社員を続けながら，フードコーディネーターを目指す人は少なくありません。それは，「食」の世界は年齢や経験がモノをいうことも少なくないからです。いままでは専業主婦として家族が喜ぶために料理を作っていたけれど，フードコーディネーターはその対象が家族から教室の生徒さんやお客さま，雑誌の読者などに変わるだけのこと。会社勤めで得たコミュニケーション能力なども大きな「強み」になるでしょう。

　　料理やワイン，テーブルコーディネートなどをトータルにレッスンできる教室の運営や，子育て中のママもほっとできるカフェ作りなど，年齢を重ねてからのほうが的確なアイデアが出せる仕事もたくさんあります。

　　思い立ったときが，始めどきです。

Q10

フードコーディネーターという職業は
将来性がありますか？

A10

広がる「食」のシーン。
可能性は無限です。

　「食」に関わるさまざまなシーンで活躍できるのがフードコーディネーターです。「食」は，私たちが生活していくなかで切っても切れないものの一つです。

　現代では，高齢化社会が進むなかで，高齢者向けの食サービスもさまざまに展開していますし，安全，安心な食材を提供するビジネスも充実しています。中食もどんどん進化していくでしょう。ひとり暮らし向け，忙しい人向けのといった手軽な食品開発も進んでいます。また，ケータリング，ネット通販，フードイベント企画や，現代のようなグローバルな時代は，インバウンド（訪日外国人）向けの料理教室なども増えてくるでしょう。今後，ますます食の世界では新しいビジネスが生まれてくることと思われます。

　そんななかで「食のプロ」としてのフードコーディネーターは，ますます必要不可欠な存在となっていくでしょう。既存の働き方にとらわれない，新しい活躍の仕方もあるはずです。フードコーディネーターの可能性は無限に広がっています。

祐成陽子クッキングアートセミナー校長から，あなたへ。

" 好きこそものの上手なれ "

好きでもないものは長続きしません。
でも，好きなら続けられる。
好きなことを見つけると，自然とパワーが生まれてくるんです。
あなたの好きなことは，何ですか。

Part

2

活躍する
フードコーディネーター

フードコーディネータースクールで学び，
現在第一線で活躍している先輩方に，
フードコーディネーターを目指したきっかけや，
スクール時代のこと，
現在のお仕事についてなどをうかがいました。
料理研究家やフードスタイリスト，店舗経営者，料理教室講師など，
さまざまな立場で輝いているみなさんのお話は，
とても参考になるはずです。

活躍する
Food coordinator
01

▽

SHIORIさん

大好きな人に料理を作り、喜んでもらったという成功体験の延長線上で、料理をもっと好きに、楽しんでもらいたい。そんな思いで、22歳までに本を出版するという目標を達成。若い女性から主婦まで幅広い世代に人気の料理研究家に。

PROFILE

しおり
1984年生まれ／東京都在住

代表作『作ってあげたい彼ごはん』（宝島社）をはじめ著書累計400万部。女性誌をはじめとする雑誌や書籍へのレシピ提供，料理教室の運営，企業のメニュー開発，飲食店のコンサルティングなど，幅広く活躍中。2020年夏，長年主宰していた料理教室をオンライン上へと移し，受講者は全世界6,000人を超える。
◆ https://online.atelier-shiori.com

——料理に興味を持ったのはいつ頃ですか？

　小学生のときの調理実習で作った料理を家で作ってみたんです。それを家族がおいしいって食べてくれて，とてもうれしくって…。それで料理に目覚めました。それからはもっともっと家族を喜ばせたくて，母の手伝いをしながら料理を覚えていきました。家にあった料理本を見たり，テレビの料理番組もよく見ていましたよ。

　高校生になって，当時お付き合いをしていた彼に「お弁当を作って」と言われたんです。家族以外の人に食べてもらうのは初めてだったので，どんなお弁当にしよう？　とドキドキしながら考えて，2時間ほどかけて作りました。彼もとても喜んでくれて，それでさらに料理にのめり込んでいきました。それが『作ってあげたい彼ごはん』の原点です。

——それで料理研究家を目指したのですね。

　実は，そういうわけでもないんです。彼のお嫁さんになりたいと真剣に考えていたので，短大には進学しましたが，特にやりたいこともありませんでした。ところが！　なんと彼にふられてしまって（笑）。ひと通り落ち込み尽くしたあと，一度きりの人生，自分が好きなことを仕事にしようと思ったとき，大好きな彼に料理を作っている瞬間が一番楽しかった記憶がよみがえりました。料理を作ることを仕事にしようと思ったのはこのときです。

——短大を卒業後，フードコーディネータースクールに入学されました。

　料理を作る仕事といっても，レストランのシェフとはちょっと違うと思ったんです。好きな人に料理を作り一緒に食卓を囲む，そんな本を出したいと思うようになりました。

　私自身が彼に作ったお弁当を「おいしい！」と喜んでもらったことで，料理が楽しくなったので，若い女の子が好きな人のために初めて作る料理の本を作りたかった。そして，本の作り手と読者が同じ目線でいることが大事だと考えて，2年以内，絶対に自分が22歳になるまでに実現しようと決めたんです。それでフードコーディネータースクールに入学しました。そのスクールに決めたのは，卒業生がたくさん活躍していらっしゃることと，ここで学びたいと思え

る先生と出会ったからです。

——在学中，大変だったこと，楽しかったことはどんなことですか？

　メニュー開発もスタイリングも，料理写真も，すべてが初めてのことで，思ったようにいかないことばかり。まわりの人と自分を比べてしまい，自分にはセンスがないと思うことが多くて，楽しいというよりは焦る気持ちばかりでしたね。ただ，同じ目標を持つ仲間との日々は刺激になりましたし，学んでいくなかで少しずつ自分の方向性や持ち味といったものも見えてきました。「まねて学んで超えていく」，「やった後悔よりやらなかった後悔のほうが大きい」という先生の言葉にも勇気づけられました。

——卒業後はどんなお仕事をされたのですか？

　運良くスクールのアシスタントとして働かせてもらうことになりました。食材の買い出し，掃除，洗濯，片づけなどの雑用に追われて毎日ヘトヘトでした。そんななかでも「22歳までに本を出版する」という目標があったので，仕事以外の時間も，出版社に売り込むためのレシピや企画書作りに費やしました。遊ぶ時間はまったくなかったですね。この2年間は，人生で一番努力したと言いきれるくらい，本当にがんばりました。

——そうするうちに出版の機会が巡ってきたのですね。

　はい。最初はまったく相手にされずにいたのですが，やっと「本を出しましょう」と言ってくれる出版社が見つかりました。それで出来上がったのが『作ってあげたい彼ごはん』（宝島社）です。22歳までに，というのが目標でしたが，達成したのは22歳と356日目でした（笑）。

　その後はちょっぴり燃え尽き症候群のようになりました。目標がなくなって，どーんと不安が押し寄せてきて。しばらくして2冊目の依頼をいただいたことで復活しましたが。おかげさまで『彼ごはん』は，シリーズ累計340万部の大ヒットとなりました。その後はまわりの人にも助けられながら，少しずつフィールドを広げていったという感じです。

——いまのお仕事で楽しいところ，大変なところはどんなところでしょうか。

　自分が考えたメニューで，知らない人がおいしい！　と言ってくれたり，笑顔になってくれたり。それは本当に幸せなことだと感じています。大変なことは…。たとえば一つのメニューを誌面で紹介するまでには，メニュー考案→食材の調達→試作（一度で終わらないこともしばしば）→レシピ作成→食材の調達→準備→撮影→片づけ→原稿チェック（1～2回）と，工程が地味に多いことでしょうか。

——海外の料理学校に通うこともあるそうですね。

　私は料理の知識はほとんどが独学で，独立してからも，正式に料理を学んでいないことがコンプレックスになっていました。きちんと勉強もしたことがない私が，料理研究家の先輩方に交じってこれからやっていけるだろうかと不安に感じたこともあります。そうした不安をなくすには，勉強することしかないと思い，結婚後，単身でフランスの料理学校へ留学しました。それをきっかけに，年に2～3回，長期のお休みをとって，海外の料理学校に通ったりしています。

　29歳のときに代官山にスタジオを設け，経営者になりました。子どもが生まれ，今は育児中心の生活ですが，これからもインプットとアウトプットを繰り返し，学びと成長を続けていきたいと思います。

——フードコーディネーターを目指す人へアドバイスをお願いします。

　まずは自分の身のまわりの人を，自分の作る料理で幸せにすること。徹底的に自分の料理の腕を磨くことが第一歩だと思います。「好き」を仕事にしたい人はたくさんいますが，好き＝圧倒的な得意にする努力が大切です。そして目標に対し，それを達成するまでのタイムリミットを決めること。ゴールが見えないまま努力し続けるのは大変ですが，ここまでに，と期限を決めると，自分を奮い立たせ，集中できるものですよ。寝ても覚めても好きなことに没頭する覚悟を持ち，正しい努力ができれば道は必ず開けます。

SHIORIさんのTime Table

6:30	起床，身支度
7:30	自宅を出て近所の自分の会社兼スタジオへ自転車移動
8:00	アシスタントと合流，撮影準備，下ごしらえを進める
10:00	撮影スタート
15:00	撮影終わり
16:00	休憩，片づけ
17:00	打ち合わせ
18:00	原稿書き
19:00〜	夕食，自由時間
22:00〜	メニュー考案やメール返信
25:00〜	就寝

※　現在は子育て中

レッスン用に試作を重ねたバターチキンカレー。針の穴を通すようなおいしさの一点を目指して試作研究を繰り返す日々。

タイ料理修行中のひとこま。料理を学ぶ，教えるというインプットとアウトプットを繰り返す。

Food
coordinator
02

▽

寺田真二郎 さん

「30歳までに料理本を出す！」
明確な目標を持って突き進んだ20代。
スクールで自信を深め、
注目される料理研究家に。

PROFILE

てらだ・しんじろう

1983年生まれ／愛知県出身・東京都在住

時短テクニックや驚きのアイデアを活かし
たレシピを得意とする料理研究家として，
テレビ番組のレギュラー出演，雑誌や書籍，
Web媒体でのレシピ提案のほか，企業の商
品プロデュース，レシピ開発など幅広く活
躍中。

◆ http://shinjiroterada.jp/

——現在のお仕事について教えてください。

　料理研究家として独立して12年目に入ります。NHK総合「ニュース シブ5時」の料理コーナー出演ほか，現在5本のテレビ番組にレギュラー出演しています。雑誌へのレシピ提供，企業のレシピ開発，ショッピングモールや百貨店などでクッキングショーを行うこともあります。

——もともと料理が好きだったのですか？

　母が料理好きということもあり，よく料理番組を見たり，レシピ本を読んだりしていたので，料理はとても身近でした。好きというより，気づいたら得意になっていたという感じですね。

——今のお仕事をするまでのことを教えてください。

　高校を卒業して，飲食店でアルバイトをしたり，知り合いのカフェのオープンを手伝ったりしていました。メニュー提案などもしていました。その後上京して1年間，調理師専門学校に通い，調理師の資格を取得しました。在学中は食品卸会社のアルバイトでテレビショッピングの裏方として，料理を作ったりもしていました。

　卒業後は正社員になり，フードコーディネートや営業の仕事もしました。料理の仕事を本格的に目指すようになったのはその頃です。会社員として仕事をしながら，「30歳までに自分の料理本を出す！」と目標を決めて，ブログを開設してレシピを発表するなど，少しずつ動き出しました。

　そうするうちに，雑誌の編集者に声をかけていただき，料理の連載を始めることができました。当時は若い男性料理研究家が少なかったこともあり，興味を持ってもらえたのだと思います。いま思えばこれが料理研究家としての第一歩だったでしょうか。

　2009年には，念願叶って『真ちゃんの鍋ひとつで簡単うまい料理』（大和書房）という料理本を出版することができました。

——会社員時代にスクールに入学されたのですね。すでにお仕事を始められて
　いたのに，あらためて勉強を始めたのはなぜですか？

　一応調理師学校は卒業しているものの，料理開発やスタイリングなど誰か先
生について修行をした経験がないので，これでいいのだろうかという不安も
あったのです。そこで，答え合わせ的な意味合いもあって，フードコーディ
ネータースクールに入学しました。

　スクールでは，仕事を続けながらの通学で，課題も多くありましたので日々
大変でしたが，実践的な授業が多く，食器選びなど，仕事ですぐに役立てられ
ることもたくさんありました。

　さらに，それまでは一人で試行錯誤しながら進んできましたが，自分の得意，
不得意を客観的に評価してもらえたのは大きな収穫でした。先生方の体験談を
聞かせてもらったり，アドバイスをもらったりしながら，それまでの仕事に自
信を深めていくことができたんです。

——お仕事をしていくなかで楽しいこと，大変なことを教えてください。

　地方に行く機会も多いので，その土地の文化や食べ物に触れられるのは楽し
いですね。知らない料理もたくさんあって，日々刺激を受けています。

　テーマによっては，思いもよらない無理難題を振られることもあって，それ
は結構大変ですね（笑）。あとから考えれば，新たな発見のある楽しい仕事
だったりすることも多いのですが。

　依頼の内容は本当にさまざまですが，そのおかげで食に対して多角的な見方
ができたりして，どんな仕事も楽しむことができている気がします。

——2011年にはご自身の会社を立ち上げられましたね。

　さまざまな企業との仕事も多くなり，やはり個人でやっていくよりも会社組
織にしたほうがスムーズに進められることもあると思い，一念発起しました。
食の世界はまだまだ奥深いと思っています。その中で自分ができることを探り
ながら，これからもいろいろな仕事にチャレンジしていくつもりです。

——フードコーディネーターを目指す人に向けて，メッセージをお願いします。

　まわりの人と同じことをしていては何も始まりません。人と違うこと，自分だけの強みを見つけて，伸ばす。そしてそこをどうアピールしていくかを考えながら進んでいくといいと思います。そうした強みを見つけるために，スクールに通うのも一つの方法かもしれません。

　あとは何事も根気よく続けること！　最初はつらい仕事も多いと思いますが，続けることで多くの楽しい出来事や出会いが増えてきます。ですから，あきらめずにコツコツと続けることが大事だと思っています。

寺田さんのTime Table

[石川テレビでの生放送出演]

2週間前	料理コーナーのテーマ決定
1週間前	メニュー提案，試作，食材リスト提出

前日

18:00	スタジオ入り
20:00	準備終了

当日

8:00	スタジオ入り，料理準備，リハーサル
9:55	放送開始
10:55	放送終了，あと片づけ
12:00	スタジオ退出
17:00	帰京・羽田空港（東京駅）着後，メール返信など日常業務
19:00	帰宅・メニュー考案，試作など

雑誌撮影風景。スクールで学んだ料理の見せ方，スタイリングなど，いまも役に立っている。

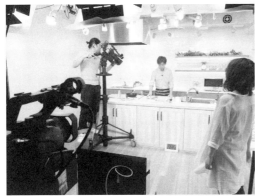

テレビ番組の収録。緊張感もありつつ、なごやかな雰囲気を出せるように心がけている。

イベントでのひとこま。じかに読者や視聴者の方とふれあえる楽しさも。

30歳で初の著者本を出版後、おいしく、簡単に作れることはもちろん、料理が楽しくなるレシピを提供し続けている。

活躍する

Food coordinator

03

▽

ほりえさちこさん

大学在学中にスクールへ入校。「笑顔」と「行動力」で小さい頃からの夢を叶え、家庭料理、おやつ、パン、離乳食など幅広い分野で活躍中。

PROFILE

ほりえ・さちこ

1978年生まれ／茨城県出身・東京都在住

自身の育児経験を活かした，栄養バランスのとれた簡単でおいしい料理が好評の料理研究家。栄養士，食育アドバイザーなどの資格を持ち，小学校や幼稚園，保健センターなどで，食育，スポーツ栄養などの講演，イベントなどを開催。著書はすでに20冊ほど。雑誌やWeb媒体での連載も多数。

◆ https://ameblo.jp/sachiko-horie/

——現在のお仕事について教えてください。

　フリーランスの料理研究家として，雑誌や書籍のほか，日本うま味調味料協会，イトーヨーカドー「二十四節気を味わう旬彩ごはん」，スポーツクラブのJOY FIT「かんたんレシピ」などのWeb媒体でも料理を紹介しています。そのほか，テレビの料理コーナー，食育などに関する講演や，イベントに出演することもあります。

——この仕事を選んだきっかけは？

　小学生の頃，母が図書館に勤めており，土日に出勤するときは一緒について行くことが多くありました。食いしん坊だったので，「きょうの料理」，「3分クッキング」，「栄養と料理」など料理の載っている雑誌を1日中眺めて楽しんでいたものです。分厚い基本の料理の本を見ながら料理を作ったりし始めたのもこの頃。私が住んでいた辺りでは手に入らない調味料も多くありましたが，代わりに○○を入れてみようなど，子どもながらにいろいろ工夫してやっていました。お年玉でオーブンとハンドミキサーを買って，お菓子作りにもはまりましたね。そうするうちに，大きくなったら料理の先生になろう，料理の本を出版しようという夢がふくらんでいったのです。

——大学では食物栄養学を学ばれたそうですね。そして在学中にフードコー
　　ディネータースクールへの入校を決めたとか。

　はい。栄養士の資格を取得することを目指して大学を選びました。具体的に進路を考え始めた頃，雑誌に載っていたフードコーディネータースクールのことが目にとまりました。当時はまだ聞き慣れない言葉でしたが，興味を持ち，アルバイトで貯めたお金で，4年生の春に通い始めました。卒業後はそのままスクールのアシスタントとして働き，27歳のときに独立しました。

——スクールで学んだことで役に立っていることは？　また，楽しかったこと，
　　大変だったことなどはありますか？

　料理研究家とはいえ，自分でスタイリングをすることも多いですし，レシピを提出し，原稿の確認をするまでが仕事なので，メニューの考え方，レシピの

書き方，スタイリング，盛りつけなど，実践的に学んだことがすべて，いまの仕事につながっています。

　実践中心の授業はいつも緊張の連続でした。グループでの作業は，まわりに迷惑をかけないようにと必死でしたね。それでも他の生徒さんのコーディネートをたくさん見て刺激を受け，自分の引き出しを増やしていくのは楽しかったです。卒業制作は今思えば恥ずかしいような出来だったのですが，上達が実感できた瞬間でもありました。大学に通いながらの通学だったので，時間のやりくりは難しかったです。

　自分にはセンスがないと悩んでいたときに，先生に「センスなんてはじめから持っていなくてもいい，センスは磨くもの」と教えられました。そのひと言でやる気が出て，自信もついていったような気がします。

——お仕事での楽しいこと，つらいことなどを教えてください。

　フリーランスなので，オンとオフの切り替えが難しいときがありますね。また，休日や夜中に作業をしなければならないこともあり，そんなときはちょっと弱音を吐くこともあります（笑）。

　メニューの提案は，媒体によって方向性や雰囲気が違いますし，もちろんそのつどテーマもさまざまです。それに合わせてメニューを考えるのはかなり孤独な作業ですが，それが形になったときの達成感は何物にも代えがたいですね。いろいろな媒体で仕事をするので，編集者さん，ライターさん，カメラマンさん，スタイリストさん…ご一緒するメンバーもいつもバラバラですが，たくさんの人と会えるのもこの仕事の楽しいところです。毎回新鮮な気持ちで仕事をしています。

——さまざまな資格の取得にも積極的ですね。

　「栄養士」，「食育インストラクター」のほか，「飾り巻き寿司インストラクター」，「ヨーグルトソムリエ」などの資格も取得しました。知識や技術を身につけるのは楽しいですし，食に関する資格は自分の仕事の幅を広げてくれるはず，と思っています。これからもいろいろ挑戦したいです。

──フードコーディネーターを目指す人に向けて，メッセージをお願いします。

　スクールでアシスタントとして働いているとき，「電話に出るときは，相手に顔が見えないからこそ，笑顔で対応しなさい」と教わりました。電話の向こうにいても笑顔の対応は相手に伝わるという言葉を信じて，いまも電話に出るときにはそれを忘れないようにしています。そうすると不思議と自分も楽しく仕事ができますし，それがまた，次の仕事につながると思っています。フリーランスのフードコーディネーター，料理研究家の仕事は一期一会。いつも何事にも笑顔で取り組むことが，特に大切な職種ではないかなと思います。

　そして，何かを経験するというのは大きな力になります。いま，ほかのお仕事をしながらフードコーディネーターを目指している方も，今の経験や趣味は決して無駄にはならないと思います。いろいろな経験がまた新しい食の仕事に活かせるはず！　また，じっとしていても仕事はやってきません。思い立ったことはすぐに行動に移す「行動力」も大事ですよ。

ほりえさんのTime Table

[試作，レシピ作成など雑誌撮影の準備]

8:30	メニュー考案，原稿チェックなどのデスクワーク
10:00	スーパー開店と同時に買い出し（配達を依頼）
12:00	食材到着（いったん冷蔵庫にしまう）
13:00	打ち合わせ（3〜4週間後の撮影に向けて）
14:30	数日後の撮影メニューの試作
17:00	試作をもとにレシピ作成
19:00	夕飯，家事
21:00	メール返信など日常業務。翌日の撮影コンテを確認　など

さまざまなテーマに沿ったレシピを，いかにおいしく，作りやすくレシピ化して提案するかが大事。

当日の段取りもすべて頭に入れてから収録，撮影に臨む。

毎日のおかずから離乳食，お弁当など，著書は多数。

活躍する

Food
coordinator
04

▽

渥美まゆ美さん

管理栄養士としての経験と
スクールで得た知識、技術を武器に
食を通して健康をプロデュースする
会社を設立。

PROFILE

あつみ・まゆみ

1974年生まれ／千葉県出身・東京都在住

株式会社Smile meal代表。管理栄養士。
雑誌やテレビでのレシピの紹介，レストラ
ンやコンビニのメニュー開発などを行う傍
ら，料理教室，企業向け健康セミナーの講
師や高齢者向け介護予防教室などの健康サ
ポート事業にも携わる。
◆ https://www.smile-meal.com

——保育園の管理栄養士としてお仕事をされていたのですね。

　大学で管理栄養士の資格を取得し，卒業後に保育園に就職しました。本当は小さい頃からの夢は料理研究家だったんですが，当時は代々料理家の家に生まれた方が料理家になるというイメージを持っていて，私なんかは無理…とあきらめていたんです。それで少しでも料理ができる勉強がしたいと思い，家政科の管理栄養士専攻コースで勉強しました。

　保育園では離乳食，乳幼児食，アレルギー食など幅広く携わり，現在の仕事にも役立つ経験ができました。その間もやはりどこかで料理の仕事がしたいという気持ちがずっとあったんですね。それで民間の料理教室の営業，講師の仕事に転職したんです。

——フードコーディネータースクールへ入校されたのもその頃ですか？

　少しずつ家庭料理の仕事へシフトしたいという気持ちで，料理のスキルを磨きながら働きつつ，道を模索していました。そのタイミングで出会ったのがフードコーディネータースクールです。保育園で行事食や誕生日メニューにも力を注いでいたので，料理と並んでスタイリングにも興味があったこともそのスクールに決めた理由の一つでした。時間，ペースともに仕事をしながら通えそうだったので，思い切って通い始めました。

——スクールでの授業はいかがでしたか。

　まったく知らない世界の学びで，楽しかったです。レシピを発表し合ったり，チームで料理からスタイリングまで仕上げたり。同じクラスの仲間の作品も，とてもいい刺激になりました。

——スクールで学んだことでいまも役に立っていることはどんなことですか？

　いろいろありますが，特に心に残っていることが一つあります。ホットケーキミックスを使ったレシピ開発というのがそのときのテーマでした。私は強力粉を混ぜてベーグルを作りました。おいしくできましたが，実はこれが大失敗。

　いまも鮮明に覚えていますが，そのとき先生に「製品自体を変えてしまうのは，レシピ開発としてはありえない」とビシッと言われてしまったんです。

メーカーのレシピを開発するという仕事において，大切にするべきことは何かということを考えさせられましたし，そうした感覚を身につけることができたと思っています。

――この仕事の楽しいところはどんなところですか？

　自分の考えたレシピを，知らない人が作ってくれて喜んでくれたり，作ってあげた人に喜んでもらったり，健康で笑顔になれる食卓作りのお手伝いができる仕事はやりがいがあります。レストランのメニュー開発でも，SNSで「おいしい！」と書き込みがあったりすると，がんばってよかったなと思います。

　時間的にタイトな仕事が多く，無理をしてしまうこともありますが，やりたいことができているので，ストレスはありませんね。

――3年前に会社を設立されたのですね。

　スクール卒業後に東京ガスの料理教室の講師として働くようになりましたが，その後主人の地方への転勤に伴い，3年ほど専業主婦をしていました。

　東京に戻ってから，健康保険組合で再び管理栄養士として働き始めたのですが，転機となったのは，その頃に片手間で始めたブログです。

　ブログで料理を紹介したりしていたのですが，それが雑誌の編集者の目にとまり，料理の仕事をいただくことができました。テレビに出演することもあり，そこからまた徐々に料理家，フードコーディネーターの仕事にシフトしていくことになります。料理本を出版することもできました。

　仕事も正社員から契約社員になり，徐々にフリーランスへと移行しました。仕事が軌道に乗ってきた2017年に，株式会社Smile mealという会社を立ち上げ，いまに至ります。雑誌や書籍へのレシピ提案，広告などのフードコーディネーター業務をはじめ，商品開発，セミナー講師，メディア出演，企業の健康経営サポートなど，幅広く携わっています。

　もともと管理栄養士ですから，やはり健康関連の依頼が多いですね。食を通しての健康的な体作りのお手伝い，幸せな心を提供するお手伝い，人と人とをつなぎ，未来の笑顔をつくるお手伝いができるような提案をする会社でありたいと思っています。

——フードコーディネーターを目指す人に向けて，メッセージをお願いします。

　フードコーディネーターはジャンルがとても広く，活躍できる場所も多くある仕事だと思います。スタイリストの仕事と料理家の仕事は全然違いますし，自分が表に出る仕事と裏方の仕事も全然違います。でも「食」や「料理」が好きであれば，なにかしら自分が一番輝ける場所が見つかる仕事でもあると思います。

　体力やスピード，判断力が問われることも多いですが，責任がある仕事である分，仕事が終わったときはなんともいえない達成感と充実感に包まれます。家庭料理の仕事であれば，目の前の人を喜ばせるだけではなく，仕事でなくては伝えることができない規模の多くの人たちに発信できるようになるので，やりがいも成果も目に見えて，とてもうれしい気持ちになります。まずは一歩前に踏み出してみることが大事。いくらでも道は開けると思います。

渥美さんのTime Table

[オフィスにて撮影準備・打ち合わせなど]

9:00	出勤・メール返信など
10:00	アシスタント出勤，試作の買い出し指示
11:00	試作，レシピ作成，打ち合わせ
15:00	試食兼昼食
16:00	事務作業，翌日の仕込み，片づけ
19:00	帰宅，夕食
22:00	事務作業・メニュー考案など

料理制作，レシピ提案のみならず，管理栄養士としてのアドバイスも。健康セミナーなどの講師も務める。

著書『朝つめるだけ弁当188』（西東社）は主婦としての経験からのアイデアも満載の1冊。

活躍する
Food
coordinator
05
▽
野本やすゆきさん

（撮影／三吉史貴）

いろいろな食の世界が見たい。
すし職人から転じて
フードコーディネーターへ。
今は二足のわらじで成長を続ける。

PROFILE

のもと・やすゆき

1980年生まれ／東京都出身・東京都在住

松寿司三代目としてすし店の経営のほか，
料理雑誌へのレシピ提供，テレビ番組や広
告のフードコーディネート，料理講師，フー
ドコーディネータースクールの講師など，
食に関わるジャンルで幅広く活躍。

◆ http://nomotobase.com/
◆ https://www.matsusushi.tokyo.jp

——すし店の三代目だそうですね。

はい。東京・谷中でもっとも歴史のある「松寿司」という店です。大学卒業後，調理師の専門学校に通って調理師の免許を取得し，松寿司の三代目として働き始めました。いまは週の前半はフードコーディネーターとして働き，後半はすし店ですしを握っています。

——すし職人としての仕事があったのに，どうしてフードコーディネータースクールに通い始めたのですか？

実はすし店で働いてはいたものの，もっといろいろな食の世界が見たい，知りたいと思うようになって，転職を考えていました。雑誌か何かでフードコーディネーターの仕事を見て「これだ！」と思ったんです。調理師とは違った食の世界を目指そうと思いました。でも具体的にどうしていいかわからなかったので，とりあえずそういうスクールに行けば何か始まるんじゃないかと。

——実際に通ってみてどうでしたか。

それまで料理を作ることしかしていなかったので，見るもの，やること，すべてが新鮮で，毎回楽しかったです。フードコーディネーターになろうと入校しましたが，食の仕事はいろいろあるんだなぁと，気づかされました。

——卒業後はどのようにお仕事を始められたのですか？

スクールを卒業後は，縁あって同校のアシスタントスタッフとして働かせてもらいました。その後，フリーランスのフードコーディネーターとして独立しました。

独立した当初はいろいろなところに売り込みに行きました。当時はまだSNSもなかったし，とにかくいろいろなところに顔を出して，知ってもらう努力をしました。

少しずつ広告のフードコーディネートやスタイリングの仕事をいただけるようになりました。大学時代はテレビの世界にも興味があったので，テレビのお仕事をいただいたときはうれしかったですね。

30歳を過ぎた頃からは，料理家として雑誌などへのレシピ提供など，料理家

としての仕事もいただけるようなりました。その頃，スクールの先生から声を
かけてもらって，スクール講師としても仕事をさせてもらっています。

——すし店のお仕事はどのように復帰されたのでしょうか。

　料理家としても仕事をするようになって5年くらい経った頃，初の著書を出
すことができました。しかしこの本の撮影中に父が急に亡くなったんです。料
理家としても忙しくなってきた頃だったので，いろいろ迷いましたが，まわり
の人々の支えもあって，松寿司の三代目として二足のわらじを履くことに決め
ました。松寿司の近くにYANAKABASEという自分のキッチンスタジオも作
りました。

　週の前半は料理家，フードコーディネーター，後半はすし職人として忙しく
しています。「大変でしょう？」とか，「どちらが本業なの？」と言われますが，
僕にとってはどちらも本業。料理家，フードコーディネーターとして成長する
ことが，すし職人としての成長につながっていると思いますし，その逆もあり
ます。僕しかできない仕事ができていると思うので，疲れたなーと思うことは
あっても，大変と思ったことはないんですよ。父もまだやりたいことがあった
だろうと思います。そんな父の悔しさも，エネルギーになっています。

——著書はいずれも魚料理のレシピ本。すし職人であり料理家である野本さん
　　ならではですね。

　『まいにち食べたい魚料理』，『まいにち作りたい魚料理』（いずれも大和書
房），『おうちすし』（世界文化社）ですね。魚って，家で調理するのは大変と
思っている人が多いと思うんです。でもそれはイメージだけで，本当はもっと
手軽なものなんです。スーパーで買った魚だって，簡単な下ごしらえができれ
ば，充分においしく食べられる。そんなことを伝えられたらいいなと思って，
メニューやレシピを考えました。

——フードコーディネータースクールで学んだことで，今も心に残っているこ
　　とはどんなことですか？

　具体的な授業内容ではないのですが，先生に「自分へ投資をしなさい」と言

われたことです。おいしいものを食べたり，見たいものを見たり，若いうちに
いろいろなことにお金を使うということだと思います。おいしいものを知らな
ければおいしいものは作れない。経験したものすべてが，自分の仕事の糧に
なっていると思います。

　その言葉を守りすぎているようで，いまだに自分への投資が過ぎるときもあ
るのですが（笑）。

――フードコーディネーターを目指す人へアドバイスをお願いします。

　食が好きな人には，やりがいのある仕事だと思います。挑戦しないと夢はか
なわないので，本気でやりたいと思う人にはぜひトライしてほしいです。

　そして，やるからには本気で食のプロフェッショナルを目指してほしい。い
つかこの本を読んだ人とお仕事をご一緒できたら楽しいですね！　楽しいが一
番！

野本さんのTime Table

9:00	YANAKABASE入り・撮影準備
10:30	Web連載の撮影開始
13:00	撮影終了
14:00	テレビ局入り，フードコーディネートを担当する番組のリハーサル，本番
17:00	放送終了，撤収
17:30	終了後，出演者・スタッフとの打ち合わせ
18:00	アシスタントとの反省会，打ち合わせ
19:00	松寿司で仕込みなど
21:00	帰宅

松寿司にほど近い場所で, フードコーディ
ネーターとしての拠点となるキッチンスタ
ジオ・YANAKABASE をスタート。雑誌・書
籍の撮影や, イベントなどを開催。

谷中でもっとも歴史のある「松寿司」の三代目。週の
前半は料理家, フードコーディネーター, 後半はすし
職人として忙しく働く。(撮影／三吉史貴)

魚を扱うすし職人ならではの知識と技術を存分に活かした著書を刊行。

根っからの〝食器オタク〟で、
食器の世界を盛り上げたい！と
食器ソムリエとして奮闘中。
「食器は料理の着物」とスクールで学び、
ステップアップ。

PROFILE

やまもと・みよ

1983年生まれ／愛知県出身・東京都在住

昭和50年創業の店舗プロデュース会社の二
代目。シンガポール食器ブランドプロデュー
サーなどを経て，2017年にDiNiNG+を立
ち上げ，ホテルやレストランなどで，要望
に応じて食器を選ぶ手助けをする食器ソム
リエとして活動中。

◆ https://howa-kk.jp/dining/

——現在のお仕事を目指すきっかけはどんなことでしたか？

　実家が店舗プロデュースの会社を経営していたので，レストランの開業の現場や工場などを見ながら幼少期を過ごしてきました。大学では国際関係学を専攻し卒業後，カナダ留学を経て，シンガポールの食器ブランドの日本代理店に7年ほど勤務していました。

　そのときもホテルや結婚式場，レストランのお客さまからスタイリングのご要望をいただくこともあったのですが，お客さまのご要望を叶えるには一つのブランドの食器だけでは難しいと思いました。また，取引先の窯元さんが次々に廃業していった時期があって，食器業界をなんとか盛り上げたいと思い，思いきって食器をスタイリングで盛り上げるというビジネスプランを作りました。そのアイデアで2017年に東京都が主催するビジネスコンテストTSGに出場し，セミファイナルまで行けたことが大きなきっかけになりました。そして，勤めていた会社を退職し，2018年にDiNiNG+という事業を立ち上げました。

——「食器ソムリエ」とはどんな職業ですか？

　簡単にいうと，お店それぞれのコンセプトをインテリアスタイルから食器，備品など細部までにつなぐ空間づくりのお手伝いをする仕事です。もっと簡単にいえば，食器に関する専門知識をもち，ホテルやレストランなどでお客さまの相談に応じて食器を選ぶ手助けをする人です。ワインのソムリエのお仕事を，食器の世界で行っているといえばわかりやすいでしょうか。

　食器は，ただ見た目がおしゃれというだけで選ぶことはできません。安全性や扱いやすさ，耐久性，予算などさまざまな条件をクリアしないといけないのです。私は根っからの食器オタクであり，実家が店舗プロデュース会社を経営していたため，小さい頃からさまざまな業種の飲食店を見てきた経験もあるので，そういう方のために何かお役に立てればと思いいまの仕事に行き着きました。スタイリスト，コーディネーターと違うのは，日々のオペレーションを前提として，デザイン提案を行うという点です。

——お仕事で，楽しいところ，大変なところを教えてください。

　私は食器が大好きな食器オタク。好きなことを仕事にしているので，基本的

には楽しいことが多いです。特に，料理長やお店のオーナー，そしてお店のお客さまが，自分が提案した内容で，実際に喜んでくださるのを目の当たりにしたときの喜びは格別です。

　もちろん大変なこともあります。提案を作成していく作業はとても地道で，予算，納期，デザイン性に鑑みてカタログから一つひとつの商品を選んだり，既製品にないものは工場でオリジナルで作ったりすることも必要になります。また，この仕事には正解がないので，最後の最後はこれで本当によいのかといつも悩み抜いてご提案しています。

――フードコーディネータースクールに入校したのはなぜですか？

　食器のプロとして活動していましたが，そもそも食器は料理の着物であるわけなので，フードコーディネーターとして知識と経験を積めば，本業に活かせるのではないかと考えました。

　フードコーディネーターとは何を学べるんだろう，とワクワクして臨みましたが，思った以上に実践的な内容を学ぶことができました。また，コーディネートという説明しづらい内容を，独自の理論でわかりやすく学べたのは良い経験でした。

　仕事をしながら通っていたので，スケジュール調整は大変でしたが，レッスン自体はとても楽しく，学びの多い時間でした。

――学んだことで今も心に残っていることはありますか？

　いまも役立っているのは，仕事中のスタイリストとしての姿勢です。私は仕事をするときに丁寧にふるまおうとするあまり，動作がスローになってしまうことがあったのですが，お客さまの貴重な時間をもらっているわけですし，チャキチャキと動きながら，手早く仕事をすることも能力の一つとアドバイスをいただいたんです。それ以降，お客さまの前ではなるべく素早い行動を心がけています。

――食器ソムリエ講座を開講されているそうですね。

　はい。いままでしっかりと体系化されていなかったこの分野の知識をまとめ

て，より多くの人と共有できるように，祐成陽子クッキングアートセミナーにて，「食器ソムリエ講座」を開講しています。

——フードコーディネーターを目指す人へアドバイスをお願いします。

　やはり自分の得意分野を持っている人は強いと思います。すてきなスタイリングができる人は世の中にたくさんいると思うので，自分はこの分野では負けないという分野があると仕事がしやすいと思います。

　私の場合は，食器オタクという部分がフックになって受注するケースが多いです。無理やり得意分野を作るのではなく，自分が好きなことを，好きなスタイルでできるように設計していくのがいいのかなと思います。

山本さんのTime Table

7:00	起床
8:00	メール返信など日常業務
9:30	M社にて新規オープン店ミーティング
13:00	チームでランチミーティング
14:30	オフィスにて資料作成
16:00	Hホテルにてプレゼンテーション
18:00	事務作業・資料作成
22:00	帰宅
23:00	リサーチなど
1:30	就寝

スタッフとミーティング。さまざまな意見をまとめて提案し、クライアントに喜んでもらえたときが一番の喜び。

企業の広告などの食器のスタイリングを提案。

リゾートホテルのブッフェをデザイン。日々のオペレーションを前提として、デザイン提案を行う。

活躍する

Food
coordinator

07

▽ 今井　亮さん

５年間の料理人経験ののち、
フードコーディネーターの道へ。
モットーは「家庭料理をおいしく、楽しく」。
料理教室は毎回キャンセル待ちが
出るほどの人気講師。

PROFILE

いまい・りょう
1986年生まれ／京都府出身・東京都在住

家庭料理，中国料理を得意とする料理家。
フードコーディネータースクールの講師も
務める。雑誌や書籍へのレシピ提供，テレ
ビの料理コーナーへの出演のほか，自宅で
開催する少人数制の料理教室「亮飯店」は，
なかなか予約が取れないほどの人気教室に。

◆ https://www.instagram.com/ryo.
imai1931/

——現在のお仕事を目指したきっかけを教えてください。

　もともと小さい頃から料理は好きで，いつしか料理人になろうと考えていました。そして高校卒業後，京都市内で80年続く老舗の中国料理店に就職し，ずっと厨房で料理を作っていたんです。

　料理店で働いている人には将来は独立して自分の店を持ちたいと思う人も多いと思いますが，僕はあまり店を経営することには興味がありませんでした。5年ほど経って将来のことを考え始めたときも，どうしようかなぁという感じでしたね。いろいろと模索していくなかで出会ったのがフードコーディネーターという職業でした。調べていくうちに興味がわいて，その道に進みたいと思うようになったんです。

　24歳のときに上京して，フードコーディネータースクールに通い始めました。スクールはいくつか検討したのですが，最初に目に飛び込んできたのと，たまたま卒業生で活躍している人の本を持っていて，興味を持ったところに決めました。

——通い始めて大変だったことはどんなことですか？

　それまでは決まった料理を延々作るだけだったのに，器選び，テーマに沿ったメニュー，レシピ作り，スタイリングなどはまったくやったこともなかったので，戸惑いも大きかったです。ただ，未経験だっただけに，とても新鮮で楽しくもありました。まわりの仲間は全員が食に興味のある人ばかりでしたから，授業終わりに食事（とお酒）に行ったりしたのも楽しかったですね（笑）。

——スクールで学んだことで心に残っていることはどんなことですか？

　たとえば課題をこなすとき，僕は最初から少しずつ悩んで迷って，ちょっとずつ足していくというやり方しかできなかったのが，学んでいくうちに，最初に思いきって組み立てて，そこから余分なものを引いていくというやり方を覚えました。発想の転換というか，大胆な発想も大切なんだということはいまも頭の片隅にあります。

——いまのお仕事に就かれた経緯と，内容について詳しく聞かせてください。

スクール在学中，職場体験などに参加したり，スクールで知り合った人にご紹介いただいたりして，料理家さんやフードコーディネーター，スタイリストさんのアシスタントをしました。そのときにテレビ，映画，企業の広告やカタログ，雑誌，料理教室，ケータリングなど，本当にいろいろな現場を経験することができました。それと並行して，自分の仕事も少しずつですが始めていったんです。

いまは雑誌や書籍へのレシピ提供，映像系の料理監修，料理セミナー講師，テレビの料理コーナー出演などと，自宅で「亮飯店」という料理教室を主宰しています。「亮飯店」では本格的な中国料理を家庭でできるようにアレンジしたレシピや，元料理人としてのテクニックをお伝えできればと思っています。また，これまで6冊の著書を出版しました。家庭でも簡単で手軽に作れるレシピを集めた本だけでなく，手間のかかる本格的レシピを紹介する本作りにも携わることができました。

——フードコーディネーター，料理家として楽しいこと，大変なことはどんなことですか？

いままで知らなかった料理や食材，道具などを知り，レシピを作って調理するのはとても楽しいですね。それと自分が作ったレシピが掲載されて，それを作ってくれる人がいて，どう評価されるのかを知るのはとても刺激的だし，勉強になります。料理教室ではやはり生徒さんの生の声が聞けるので，とても参考になります。

大変なことは，さまざまなテーマに合わせて，たとえば同じ料理でもレシピを変えて作ることが求められたりします。対象も初心者からベテランまで。こだわって作る料理，お手軽にできる料理と自由に操作しながらやっていかなければならないのは，料理人時代にはなかったことです。

——フードコーディネーターを目指す人に向けて，メッセージをお願いします。

フードコーディネーターは食のプロフェッショナルだと思っています。料理だけができてもだめで，料理にまつわるすべてのことに常にアンテナを張って

いなくてはなりません。料理のトレンドも目まぐるしく変わっていくので、いろいろ大変！　でも、食べることは人間にとって絶対に必要なこと。その「食」を仕事にできるのはとてもやりがいがあります。

　日本だけではなくて、世界でも活躍できるようなフードコーディネーターを目指して、お互いにがんばりましょう！

著書では、手軽に作れるレシピから本格的なレシピまで、テーマによって幅広く提案。

中国料理をベースにした料理教室「亮飯店」は、キャンセル待ちが出るほどの人気教室。

自身、家族の闘病経験から
薬膳に出会い、猛勉強。
知識を効果的に発信するためにスクールへ。
薬膳の普及を目指し、
さまざまな形での情報発信を続ける。

PROFILE

あさぎ・くにこ

1962年生まれ／東京都出身・東京都在住

1983年に芸能界デビュー。知性派タレントとしてテレビ，ラジオを中心に活躍中。新聞やWebでの書評の担当も。自身，家族の闘病経験から，薬膳の勉強を始め，国際薬膳師の資格を取得，祐成陽子クッキングアートセミナーにて薬膳講座の講師も務めている。国際中医師，登録販売者，温活指導士の資格も持つ。

◆ https://ameblo.jp/kuniko-asagi/

——国際薬膳師の資格をお持ちだそうですね。

　きっかけは自分自身の病気でした。実は2010年に脳梗塞を患ったんです。幸い命に別状はなく，後遺症も残りませんでしたが，2年後，今度は乳がんが発覚しました。そしてこの年は，私の母も心臓の手術を受けています。自身や家族が立て続けに病に襲われて，日々の健康維持の大切さを身をもって感じたんですね。

　とはいえ，病気はどんなに節制してもかかるときはかかってしまいます。それなら，日頃から治療に耐えうる体力をつけておくことが重要なのではないかと考えるようになりました。健康で体力がなければ，リハビリも充分に行えませんしね。そして食を通じて体のメンテナンスをしていくためにはどんな食材，料理を食べたらいいのかを学びたい，と思ったときに出会ったのが「薬膳」でした。2015年に本草薬膳学院に入学し，そこで中医薬膳学を本格的に学び始めたんです。

——卒業後，さらにフードコーディネータースクールに入校されたのはどうしてですか？

　2016年に本草薬膳学院を卒業して，国際薬膳師の資格を取得しました。薬膳というのは，おいしくて体にもいいということを実感しました。そのことをたくさんの人に知ってもらいたいと思い，薬膳の普及を志すようになりました。そのなかで，薬膳のすばらしさを効果的に発信する力を身につけたいと考えたんです。

——スクールで学んだことはどのように活かされていますか？

　スクールでは，「料理」や「食」にまつわるあらゆることを総合的に，かつ実践的に学びました。食材の扱い方，調理，盛りつけ，スタイリング，写真の撮り方，小物の扱い方，実際の撮影現場での動き方，メディアやクライアントのニーズに合わせたレシピ作りなど，食に関わる仕事をする上で直接役立つカリキュラムです。

　おかげさまで卒業後，初めての薬膳料理本を出版することになったのですが，撮影の現場で，迷うことなく動くことができました。

——在学中，楽しかったこと，心に残っていることなどはありますか？

　チームを組んで料理家，スタイリスト，アシスタントなど役割分担して行う実習は，一つの仕事を多面的に見る目が養われて，とても勉強になりました。また，クライアント別のレシピの書き方や調理の実習を通じて，誰に向かって何を発信しようとしているのか，という意識を持つこと，それがなければ「仕事」にはならないことを学びました。料理を「趣味」ではなく「仕事」にするためにもっとも大切なことだと思います。

——芸能界でもご活躍中ですが，現在の薬膳師としてのお仕事について教えてください。

　家庭での日々の料理のなかに薬食同源の考え方を取り入れた"家庭薬膳"を普及することを目指して，薬膳教室を開催したり，雑誌やテレビなどのメディアで薬膳レシピを紹介するなどの活動をしています。2017年より，祐成陽子クッキングアートセミナーにて「麻木久仁子の美彩薬膳講座」を開講していました。『ゆらいだら，薬膳』（光文社），『生命力を足すレシピ』（文響社）という著書も出版しました。薬膳の勉強も続けています。2019年には，国際中医師水準試験A級に合格しました。

——フードコーディネーターを目指す人に向けて，メッセージをお願いします。

　おいしい料理が人を笑顔にしたときの喜びは本当に大きなものです。が，おいしいレシピも効果的に発信しなければ伝わりません。「発信力」を育むことを常に意識して，日々励んでください！

2017年より，祐成陽子クッキングアートセミナーにて「麻木久仁子の美彩薬膳講座」を開講。開講直後から，受講生に人気の講座だった。現在はテレビや雑誌などのメディアに薬膳レシピを提供している。

Food coordinator

09

▽

永松真依さん

祖母がかつお節を削る姿に感動して、それまでのOL生活から一転、かつお節の魅力を発信する店をオープン。

PROFILE

ながまつ・まい

1987年生まれ／神奈川県出身・東京都在住

東京・渋谷の「かつお食堂」店主。かつお節伝道師。通称"かつおちゃん"。「削り立てのかつお節のおいしさを伝えたい」との想いから，メニューはシンプルに，削り立てかつお節ごはん，みそ汁が主役。「いただきます」の背景を感じてもらいたいと，生産現場に足を運び削るかつお節の話をしながら食べてもらうことを大切にしており，店は連日たくさんの客でにぎわっている。

◆ https://www.instagram.com/
  katsuoshokudou/

——お店を始められたのは4年ほど前ですね。それまではどんな職業に就かれていたのですか？

　大学を卒業して，派遣社員としてOLをしていました。

——その頃，フードコーディネータースクールで学ばれていますね。

　食べることが好きだったので（笑）。スクールは注目していた料理家さんが卒業されたところを選びました。料理の見せ方を考えたり，みんなのスタイリングを見たりというのはそれまでの自分にはなかったことなので，勉強になりました。いまの世の中にあった便利な道具やスタイルの提案は，いまの仕事にもつながっていると思います。

——スクールで学んだことで，心に残っていることはありますか？

　いろいろ実習などを経験するなかで，大胆にチャレンジをするということを覚えました。これっていいのかな？　とか，正しいかな？　と考える前に，感じるままにやってみること。それが自分のカラーになると思いました。また，お店を始めてみて思うのは，やはり丁寧にやることと，スピードを上げて時短でやるバランスです。

——かつお節との出会いはどんなことだったんですか？

　9年ほど前，祖母の家を訪れたときに，祖母が突然かつお節を削ってくれて，そのかつお節でだしをとり，おみそ汁を作ってくれたんです。そのときのかつお節を削る姿がとても美しく，感動したんです。それがきっかけでかつお節に興味を抱くようになりました。

　そしてまず「どこで誰がどう作っているのか」が知りたくなり，かつお節の生産現場へ足を運ぶようになりました。かつお節のことを知れば知るほど大好きになり，それが高じてかつお節店でアルバイトを始め，24時間365日かつお節漬け生活になりました。

　友達や先輩に誘ってもらい，クラブやバーでかつお節を削ったり，イベントに参加したり，ワークショップを開催したりもしました。

　とにかく，かつおのように動き回っていましたね（笑）。

——お店を始められたきっかけを教えてください。

　はじめはかつお節で何か新しいことができないかばかり思っていたんですね。かつお節をアートとして展示してみたり，いつのまにかパフォーマンスとしてかつお節を捉え，削っていました。

　3年ほど経ったとき，尊敬する方に「本当にかつお節が好きなの？」と言われたんです。それがきっかけで，かつお節は食べ物なのだから，おいしさの部分をしっかり伝えなきゃだめだ！　と気づかされました。そこで，おいしく食べることを目的としたマルシェに出店したり，かつお節を使った朝食を家族に作り始めたりしました。

　そうするうちにしっかりとおいしさの部分を伝えるための場所がほしいと思い始め，先輩にお店を借りて少しずつ営業を始めたんです。さまざまな人とのご縁の連続でいまがあります。

——飲食業の経験はあったんですか？

　飲食の経験は学生時代のカフェなどのアルバイト程度で，まったくないに等しいものでした。でもかつお節を伝える場所ができた喜びでいっぱいで，挑戦する気持ちが強くありました。

　いまもそうなのですが，私は飲食店を経営している気持ちはありません。あくまでもかつお節を伝える場所，想いの場所。飲食店だからこうでなくてはいけないという決まりはないと思っています。

　それからというもの，1日1日が舞台のような感覚で，食べるだけでなくその背景も知ってもらい，一人でも多くのかつお節ファンができたらうれしいなと夢中になっていました。

　いまでは近隣の方々をはじめ，数々のメディアにも取り上げていただけるようになり，さまざまな地域より足を運んでいただいています。

——お店を始めてよかったと思う点はどんなところですか？

　かつお節をほおばるお客さまの笑顔を見られることですね。「削り立てのかつお節ってこんなにおいしいのですね」，「日本人でよかった」，「なつかしいな」など，そんな言葉を言っていただけるのは本当にうれしく思います。

　かつお食堂でかつお節を食べて，その先の一人ひとりの暮らしのなかで取り入れてくれたらもっとうれしいです。

——フードコーディネーターを目指す人に向けて，メッセージをお願いします。

　継続は力なり。どんなことがあっても，とにかくなんでもいいからがむしゃらに動いてみる。

　動いていると自分の気持ちと向き合えたり，必ず道は見えてくる，そう思っています。

東京・渋谷にある「かつお食堂」。連日，たくさんの人が訪れる人気店。

ほかほかごはんに削り立てのかつお節はほっとする味わい。具だくさんのみそ汁，お漬けものと一緒に。

Food coordinator
10

▽

小澤かおりさん（写真右）
田中知彩都さん（写真左）

フードコーディネータースクールで
意気投合した同期の二人。
多くの人のおなかを
「おいしい」と「楽しい」で満たしたいという
思いのもと、おやつユニットOnakaとして、
焼き菓子を作っている。

PROFILE

おざわ・かおり
1989年生まれ／千葉県出身・東京都在住

たなか・ちさと
1985年生まれ／群馬県出身・東京都在住

フードコーディネータースクールで出会い，
自分たちの自由なお菓子を作りたいとの思い
が一致。ベーカリー，カフェを経て2014
年より，おやつユニット「Onaka（オナカ）」
として活動中。焼き菓子の製造販売，イベ
ントのケータリングからワークショップな
どを行う。

◆ https://onaka.tokyo

——お二人はフードコーディネータースクールで出会ったそうですね。

　同時期にスクールに通った同期生です。私はまだ大学生で，最初はパンやお菓子作りが好きだったので軽い気持ちで通い始めたのですが，授業を受けるうちに，将来の仕事として考え始めました。その頃，ちーちゃん（田中さん）が働いていたベーカリーで作り手を募集していたので応募したんです。（小澤さん）

　私は大学卒業後，それまで続けていたモデルの仕事に専念していましたが，将来に不安を感じていたんです。そこで，モデルは続けながら，もともと好きだったパン作りの修行を始めました。25歳のとき，フードコーディネーターという職業を知り，スクールに入学しました。そこでかおりん（小澤さん）と出会いました。その後，自分のベーカリーをオープンして，かおりんもそこで働くようになったんです。（田中さん）

——ユニットとして活動するようになったのは，どんな経緯があったのですか。

　ベーカリーをオープンした半年後に，羽田空港内にカフェをオープンしました。かおりんにも来てもらってカフェの運営をしていましたが，そうするなかで「自分たちの自由なお菓子が作りたい」という思いが一致して，2014年に「Onaka」を結成したんです。店舗の片隅で焼き菓子を作りながら，商品開発やマーケット出展など，活動の幅を広げていきました。カフェは2018年，私の出産を機に手放し，「Onaka」として本格的に活動を始めました。（田中さん）

——スクール時代，大変だったこと，通ってよかったと思うことはどんなことですか？

　一緒に学んでいる人のなかには，すでに食のお仕事をされている人も多かったので，ついていくのに必死でした。でもそれがよい刺激になり，成長できたと思います。（小澤さん）

　私もまわりの人のレベルの高さに圧倒されてばかりでしたね。スタイリングの授業はもう苦手すぎて，授業の前は気持ちが重くなっていました（笑）。ただ，自分の得意なこと，苦手なことがはっきりしたのはよかったです。そしてやはり，こうして同じ目標を持って，一緒に活動できる仲間と出会えたことは

大きな財産ですね。（田中さん）

——学んだことで，いまも役に立っていることはどんなことですか？

　在学中，大好きなパンやお菓子の仕事がしたいという思いはあったのですが，自分は何を表現したいのかという大切な部分が欠けていたことに気づかされました。インテリアショップや器のお店などに行ってみたり，本をたくさん読んだり，自然に触れたり…と自分の「好き」を掘り下げることを意識するようになりました。（田中さん）

　当時のノートをたまに見返すと，いまも毎回気づきがあります。ネットや本では得られない貴重な体験をしたと思います。先生に「フードコーディネーターは“食”のなんでも屋なのよ」と教えられ，フードコーディネーターというものについて難しく考えてしまっていたのが，ストンと自分のなかに入ってきました。この言葉を思い出して，お客さまのニーズにどうしたら答えられるか？　をまず考えるようにしています。（小澤さん）

——お仕事の楽しいところ，大変なところはどんなところでしょうか。

　ケータリングやイベントの出展で，自分たちの作ったお菓子を通じて，多くの方の笑顔を見ることができるのがとてもうれしいです。また，広告などのお仕事では，実際に使われた写真を見ると幸せな気持ちになります。

　大変なのは，作っているときはずっと下を向いているので，首や背中が慢性的に凝っていることでしょうか（笑）。（田中さん）

——フードコーディテネーターを目指す人にアドバイスをお願いします。

　ソードコーディネーターを目指すというと，技術や知識の習得に目がいきがちかもしれません。もちろんそれらは，必要不可欠です。でももっと大切なのは，フードコーディネーターのスキルを使って，誰をどんなふうに幸せにできるか？　を考えてみることだと思います。幸せにできる，というと少し大げさかもしれませんが，それぐらいの気持ちで考えると，目指す方向が見えてくるかもしれません。（小澤さん）

二人の拠点となるアトリエ。焼き菓子を作ったり，ワークショップやお菓子教室を開催している。

見た目もかわいらしいクッキーはOnakaの人気商品。プチギフトとしてもおすすめ。

起業することが高校時代からの夢だった二人。
サラリーマンを続けながらスクールで学び、
2016年に念願のビストロをオープン。

活躍する
Food
coordinator
11

▽

髙橋　春さん（写真右）
小野貴裕さん（写真左）

PROFILE

おの・たかひろ
1985年生まれ／岩手県出身・東京都在住

たかはし・しゅん
1985年生まれ／岩手県出身・東京都在住

東京・三軒茶屋でビストロ「umbilical（ア
ンビリカル）」を経営。地元・岩手の魚介，
野菜を中心としたフレンチとナチュラルワ
インが好評。それぞれ飲食とは無関係の金
融，メディア関連の企業から転職し，起業。
◆ https://www.facebook.com/
umbilical.sangenjaya/

——お二人でビストロを経営されているのですね。

　2016年に東京・三軒茶屋に，魚介を中心としたフレンチとナチュラルワインの店「umbillical（アンビリカル）」をオープンしました。二人の地元・岩手の魚介や野菜をふんだんに使った料理をお出ししています。

——もとは食関係ではない会社にお勤めだったのですよね。

　はい。私たちは高校時代の同級生で，当時から，漠然とですが，将来は一緒に起業したいという夢をお互いに持っていました。そうはいいながらも，別々の大学に進学し，そのときに興味のあった業種，小野は大手証券会社に，私，髙橋は大手広告会社に就職をしました。

——そこからお店を立ち上げるまでのことを教えてください。

　二人とも運よく日本有数の大手企業に入社することができ，働き始めてはみたものの，仕事をするなかで，お互いに大企業ならではの葛藤が芽生え始めました。たとえば意思決定に時間がかかったり，自分の思いを形にするために，社内で何段ものハードルを越えなければいけなかったりといったことです。やはり起業できる職種に就きたいと思い，会社員として働きながら，そして二人で話し合いながら，道を模索していくことになります。

　飲食業を目指したのは，空間や音楽やデザイン，ファッション，人など，さまざまなものやことが交錯する場所なのではないかと思ったことからです。以前アルバイトの経験があったこともありました。しかし本格的に飲食業への道を進もうと決心はしたものの，やはり素人ですから，すぐに働けるほど甘くはありませんでした。

——そこでフードコーディネータースクールに入校したのですね。

　サラリーマンとして仕事を続けながら，飲食関係の人脈を得る方法はないかと思い，たどり着いたのがフードコーディネータースクールでした。スクールでは実際の店舗経営について具体的に学ぶというよりは，さまざまな切り口で食関連のあれこれを学ぶことができました。多方面にわたるお仕事をされている先生のご紹介をいただいて，卒業後，都内のビストロに就職することができ

ました。そして5年後，ようやく自分たちの店をオープンすることができたんです。

——スクールの授業で一番役に立ったのはどんなことですか？

クラシックな洋食やお菓子，チーズなどの基礎的な知識は楽しかったですし，とても役に立っています。写真の撮り方についての授業もありましたが，それもとても実践的でよかったです。

——お店の運営で楽しいところ，大変なところを教えてください。

やはり自分たちの思いを素直にお店やお皿の上で表現できることでしょうか。それがお客さまに伝わり，喜んでもらえたときは本当にうれしく，あきらめずにやってきてよかったなと思います。

大変なのは…，どこのお店でも同じかとは思いますが，コンスタントに集客することですね。お店をオープンするまでも大変ですが，維持していくことはもっと大変です。

——フードコーディネーターを目指す人に向けて，メッセージをお願いします。

レストランを舞台にしたドラマがありましたが，店舗では日々，たくさんの人の情熱によって新しい何かが生まれています。そういったたくさんの現場の人との関わりのなかで，トレンド，先見性であったり，逆に普遍的なことを身につけることができます。店舗経営に興味がある人は特に，どんどんレストランに足を運んでほしいですね。やっぱり「食べて」「飲んで」「感じる」ことって，大切だと思うんです。

店名の「umbilical」は、「へその緒」。人がつながる場所に、という思いから名づけられた。出身地の岩手県・一関が東北地方の中心地＝へそという意味も込められている。

食材は岩手の魚介類や野菜を中心に。自然派ワインによく合うカジュアルフレンチの店として、連日たくさんの人が集う店に。

Food coordinator

12

▽

keikoさん

10代で上京し、スクールで勉強。
センスを磨き上げて地元福岡へ戻り、
マルチな活躍で人気フードコーディネーターに。

PROFILE

けいこ

1985年生まれ／福岡県出身・福岡県在住

福岡を中心に活動する料理家でありスタイリスト。業務内容は商品パッケージのフードコーディネートや商品開発，雑誌やCMのスタイリング，雑誌の連載，テレビ出演，ディスプレイデザイン，飲食店プロデュース，地域振興事業講師など多岐にわたる。

◆ https://www.instagram.com/
keikoiwami/

——フードコーディネーターの勉強をするために，東京の高校に編入なさった
　のですね。

　もともと料理やものづくりが好きで，料理人になろうと思っていました。地
元・福岡の高校に入学すると同時に，放課後の時間を使ってレストランに研修
生として入り，いろいろと勉強をさせていただいたりしていました。

　そんななかで気づいたのが「自分は料理を盛りつけるときが一番楽しい」と
いうことでした。次々と湧き上がってくるイメージを表現しながら，料理に関
われる仕事がしたいと具体的に思うようになったんです。それでフードコー
ディネーターという仕事にたどり着き，スクールを探して，思い切って東京の
高校へ編入，同時にスクールに通い始めました。

——その後，どのようにしていまのお仕事につなげられたのですか？

　卒業後も料理人のアシスタントをしたり，料理教室の講師のお仕事をいただ
いたりして少しずつ始めていったという感じです。その頃，TVチャンピオン
の「3分料理人選手権」で準優勝したり，いろいろな経験をしました。その後，
20歳を過ぎた頃に福岡へ戻り，カフェの立ち上げに関わることになりました。
プロデュースという立ち位置でしたが，店頭に立ったりもしていたので，地元
のテレビ局の取材の対応などもしました。

　そのときの撮影がきっかけとなって，1年後にテレビ西日本「ももち浜スト
ア　gogo！cooking」という生放送の料理コーナーの講師としてスカウトされ
ました。おかげさまでコーナーが終了するまで約8年間，毎週務めることにな
りました。その後も，旅番組のコーナーで畑を巡るお仕事をいただいたり，さ
まざまな経験をさせていただきました。

——雑誌や広告のスタイリング，テレビ出演，飲食店のコンサルティングなど，
　幅広く手がけられていますね。

　テーブルの上のコーディネートだけでなく，商業スペースの空間コーディ
ネートや，CMなど動画の料理コーディネート，雑誌やWebへのレシピ提供，
ケータリングもやっています。撮影用のレンタルハウススタジオの経営もして
います。

——いまのお仕事の楽しいところ，大変なところはどんなところですか？

　基本的にすべてが楽しいです！　コーディネートのご依頼をいただき，クライアントのイメージをぐっと磨き上げてお返しして，喜んでもらえたときはとてもうれしく，充実感があります。

　大変なところはやはり納期までに時間がない！　というときや，お歳暮，お正月シーズンに向けてのカタログ制作など，あわただしくなる季節は依頼が重なるもので，休む暇はありません。

　クライアントのイメージを正しく受け取り，形にするためには，コミュニケーション能力，プレゼン能力も必要になりますが，最初の頃はそれがかなり大変でした。ですがプレゼン力は，経験値に裏打ちされてついてくるので，いまとなればどれも楽しいプロセスです。

　幅広くお仕事をさせていただくなかで，「魅せるデザイン」について考えることがとてもおもしろいし，充実感があります。

——スクールで学んだことでいまも心に残っていること，役に立っていること
　　はありますか？

　当時は料理の腕にはそれなりに自信があったのですが，スタイリングのほうは自分のセンスに自信が持てずにいました。そのときに先生が教えてくれたのが，自分がどんなものが好きなのかを正しく知り，ブラッシュアップしていくということです。

　たくさんの本を手に取って，好きなものを買い集めているうちに，好きなポイントはどこなのか，どうしてそれを好きと思うのかがはっきりしてきます。自分自身を知ることでオリジナリティ，自分らしい空気感を作り上げることができるようになったのではないかと思います。

　また，じっくりヒアリングする「聞く力」は，年齢を重ねるほどに大切にしようと心に留めていることの一つです。

——フードコーディネーターを目指す人に向けて，メッセージをお願いします。

　とにかくたくさんのものに触れることが大事。料理だけではなくて，絵画や服や花や旅…。すべてのものが感性を豊かにしてくれます。センスは磨いてい

くことができるのです。その過程で大変なこともあるかもしれませんが，苦労すればした分だけ，大好きなものに囲まれて，楽しく充実した仕事ができるようになる日が来ると思います！

キッチンスタジオ・franquette305の経営も。ディスプレイデザイン，飲食店プロデュースの経験を活かした，自然光の入り込む開放的な空間。

撮影時のひとこま。料理制作からスタイリングまでトータルにこなす。

海外に滞在し，一般家庭で料理を習い，代わりに和食や水引きなどラッピングのワークショップなどを開くことも。

安定した会社員生活から、フリーランスへ。

「イメージをカタチにする」難しさと

向き合いながら

精一杯、コツコツと。

PROFILE

つがね・ゆきこ

1984年生まれ／千葉県出身・千葉県在住

フードスタイリスト。広告，書籍，雑誌な
どのスタイリングを中心に幅広く活動。
「happyがうまれるフォトグッズのお店」と
して『&MERCI』を立ち上げ，子どもの記
念日や成長をかわいく大切に写真に残せる
グッズのディレクション・運営をする。
2021年，株式会社goodmoodを立ち上げ，
アップサイクルなものづくりを始動。

◆ https://www.goodmood.co.jp
◆ https://andmerciii.com

——フードコーディネーターを目指したきっかけは何ですか？

　母が何でも手作りしてくれたおかげで，料理は身近な存在でした。幼稚園の頃から母と一緒にうどんを打ったりしていたんですよ。私自身も料理は好きだったのですが，仕事にする勇気はなく，大学卒業後には金融関係の企業に就職し，一般事務職として働いていました。

　会社員生活は充実していたのですが，心のどこかでは料理の仕事がやりたいという気持ちがずっとありました。いろいろと調べるなかで，フードコーディネーターという職業を知り，強く興味を持ったのです。

——実際に行動したのは何歳のときですか？

　フードコーディネータースクールの説明会にも行ってみたのですが，すぐには決断できず，そこから1年悩みました。そして，まずは仕事をしながらスクールに通ってみようということで入校しました。25歳のときです。

　とても忙しい部署にいたので，仕事をしながら通うのは大変でしたが，まわりの方々の理解と協力があり，最後まで通うことができました。

　会社員生活が順調だっただけに，スクールに通う間もいろいろと考えていました。でもそれまでと同じ生活では何も変わらないし，学んだことが活かせないと思い立ち，会社を辞める決心をしたのです。料理を「魅せる」仕事のほうに魅力を感じていたので，27歳のときにフリーランスのフードスタイリストとして本格的に活動し始めました。少しずつ経験を積み，走り続けていまに至ります。

——スクール選びはどのようにされましたか？

　実践的な授業ができるところということを一番に考えて選びました。実際，座学だけではなくて，実際に仕事を受ける立場に立って，それぞれの役割を果たすという授業がありましたが，仕事のイメージがしやすくて，とても役に立ちました。その役割分担も1回ずつ立場を変えて，さまざまな切り口から考えることを学べて，よかったと思っています。

——スクールで学んだことで今も心に残っていることはありますか？

　先生が「卒業したらあなたたちはプロよ！」とおっしゃったことを覚えています。実際は卒業したところで，自分から行動しないと何も始まらないのですが，その言葉で背筋が伸びて，自信と責任を持って最初の仕事を始められたし，今まで乗りきってこられたのだと思います。

——現在のお仕事の楽しいところと大変なところを教えてください。

　スタイリング一本でやっていきたいと思ってからは，ひたすら「イメージをカタチにする」ことと向き合っています。この作業が楽しいところであり，大変なところでもあります。クライアントはもちろん，広告代理店や出版社の編集さんのイメージを具現化するのは大前提としてあり，そこに自分らしさを見出せるかどうか。これはワクワクすることでもあり，難しいところでもあります。

——フードコーディネーターを目指す人に向けて，メッセージをお願いします。

　スクールを卒業してすぐは，具体的に何をしたらよいかわからず，カフェの運営をしながら料理家さんのアシスタントをしたりしていました。目の前にある，自分ができることをコツコツ続けてきて，だんだん自分のやりたいことや，自分の強みが明確になってきたような気がします。もちろん最初から仕事はないですし，アシスタントに入ったり，ホームページを作りながら“発信”を続けました。

　スタイリングの仕事は，ただ好きな器やバック材を集めるだけではありません。「想いを伝えるためにどう見せたらいいのか」ということを常に考えています。

　一つひとつ集中して尽力することが，次につながったように思います。目の前にある，いま自分にできることをまずやってみることが大切なのではないでしょうか。踏み出す一歩が，その先の歩みへとつながるのですから。

スタイリング作品。「料理に適した食器やバック材などを選ぶのはもちろん，見る人にきちんと伝わるかどうかも大切」と語る。

（＆MERCI ビジュアル撮影　写真／柳詰有香　料理制作／田中知彩都）

（『はじめての台湾料理』（PARCO出版）より。著者／星野奈々子　写真／鈴木信吾）

「おいしいものをおいしく伝えたい」がテーマ。

レコード会社のディレクターから一転、

世界の食文化を写真と文章で表現する、

旅するフォトグラファーへ。

活躍する

Food coordinator

14

▽

石黒アツシさん

PROFILE

いしぐろ・あつし

1964年生まれ／千葉県出身・東京都在住

世界の食文化を写真と文章で紹介するフリーランスの写真家・ライター。レコード会社の制作担当，音楽著作権管理，映像・音楽配信事業の立ち上げなど，エンターテインメントビジネスに幅広く携わったのち，「食べること」をテーマに世界中を飛び回る。

◆ http://ganimaly.com/portfolio/

94

———現在のお仕事についてお聞かせください。

　フリーランスで，世界の食文化を写真と文章で紹介することを中心に活動しています。一般的なフードコーディネーターのイメージとは違うかもしれませんが，取材，撮影，レシピ開発，記事の執筆まで，一手に引き受けています。年間12か国ほどを訪れて，旅先の食べ物，食べ方，祭事，グッズなどを取材し，帰国後に記事やレシピを作成，メディアに取り上げてもらいます。メディアからの依頼ありきのプレスツアーにも年に数回参加します。

———もとはレコード会社のディレクターをされていたんですよね。食の世界とはちょっと違う分野ですね。

　はい。ディレクターとしてCDジャケットの制作を通してグラフィックのおもしろさに気づいて，その後渡英し，写真を学びました。帰国後は著作権ビジネス，ゲームや動画，音楽の配信などに関わり，さまざまな経験を積んできました。

　次に何ができるかなと考えていたときに，自分の興味について掘り出して整理してみたら，「ごはん」「旅」「写真」の3つでした。そこで，世界を旅して食べ歩き，写真を撮り，日本でそれを作って食べるというスタイルが自然に出来上がったのです。もともと興味があった分野が，それまでの経験とうまく融合したといった感じです。

———現在のお仕事で楽しいところ，大変なところを教えてください。

　世界を旅して，新しい食べもの，現地の人たち，さまざまな文化を肌で感じることができる仕事です。旅好き，食べもの好きとしては天職です。現地のストリート写真に，シンプルなメッセージを込めて撮影するのも，醍醐味の一つです。

　大変なのは，体調管理。1日に6食を食べることがあったり，旅をしている間は歩き通しだったりと，体力が必要です。旅の間，自宅にいる猫と離ればなれになってしまうのも，実はかなりつらい（笑）。

——フードコーディネータースクールに入学したきっかけはどんなことだった
　んですか？

　実はスクールの場所が自宅から歩いていける距離にあり，興味がありました。
オリエンテーションを受けたときに，自分の夢を語り，アドバイスをもらった
のがきっかけです。いまでは教室の海外への視察旅行の際は，旅程のどこかに
合流させてもらい，さまざまな刺激をいただいています。

——通ってよかったと思うこと，大変だったことはどんなことですか？

　いろいろな環境，年齢，職業の人たちと知り合うことができて，それぞれの
いろいろな才能に触れることができました。生徒さんは当時は若い女性が多
かったですが，こんなおじさんも対等に扱ってもらえて，助かりました。先生
方も含め，人間的な魅力あふれる仲間たちに出会えたことが，卒業までこぎつ
けることができた理由です。

　大変だったのは，かなり実践的なカリキュラムだったこと。時間，食材，シ
ミュレーションされる仕事の依頼内容など，多くの制限のなかでこなさなけれ
ばならない課題は，一つひとつが「やり直しがきかない」緊張感でいっぱいで
した。それでも何事も前向きに取り組むことは，自分自身も，まわりの人も，
とてもいいコンディションにしてくれて，自分の実力にちょっと何かをプラス
してくれたんじゃないかと感じています。

——フードコーディネーター目指している人に向けて，アドバイスをお願いし
　ます。

　フードコーディネーターといっても，さまざまな仕事があります。まずは何
をやりたいかビジョンをはっきりさせると，身につけなければならないことが
はっきりしてきて，学ぶことがもっと楽しくなるはずです。しばらくすると，
人に自分がしたいこと，できることを伝えることができるようになってきます。
そうすると，いろいろな人との出会いがさらに有意義なものになると思います。

訪れた国は58か国にも。街中や飲食店のみならず，一般家庭のキッチンにおじゃまして取材をすることも多い。

（パリのアリーグル市場で見つけた山盛りの根セロリ）

（モンゴルの居住用テントゲルのなかのキッチン）

（ベトナムのホイアン名物，ホワイトローズを作る料理人）

モロッコのタンジーヤという料理。羊の肉から脳みそまで入った，日本ではなかなか出会うことのない料理にも遭遇する。

97

活躍する
Food
coordinator
15
▽
小俣由枝さん

華やかなOL生活を経て、
30歳で飲食の世界へ。
さまざまなつらい修行を乗り越え、
いまは自宅でレストランを運営。
野菜のパワーでヘルシーかつ満足感のある
フレンチは、3〜4か月待ちの人気店に。

PROFILE

おまた・よしえ
1968年生まれ／東京都在住

アンチエイジング・ベジキュイジーヌ「ハ
レノヒ食堂」店主。ソムリエ、アンチエイ
ジングフードマイスター、女性ホルモンバ
ランスプランナー、ハーブティーソムリエ・
インストラクター、野菜ソムリエ、雑穀エ
キスパートなどさまざまな資格を持ち、こ
だわりの自然栽培・有機無農薬野菜をふん
だんに使った、体質改善と癒しを提供する
独創的な料理を提供している。
◆ https://www.hare-nohi.com

——ご自宅でレストランをやっていらっしゃるのですね。

　1日に1組さまだけをおもてなしするレストランです。アンチエイジングや体質改善を目的とした野菜だけのコース料理で，女性のお客さまがほとんどです。季節ごとの料理教室も開催しており，健康や美容に興味のある方が集まります。この仕事を始めて約10年になりますが，当初は若い方が多かったのですが，最近は50〜70代くらいの方も多く来ていただいています。

　ほかには，企業の販促物の料理作成，撮影やメニュー開発，出張セミナー，出張レッスンなども手がけています。

——もとは大企業のOLさんだったとか。

　子どもの頃から食べること，食べるものにまつわるものが好きで，絵を描けば食べ物でしたし，小学生の頃には「食堂がやりたい」と作文に書いていたようです。

　それでも食を仕事にしようと思うまでには至らず，専門学校在学中はIT関連を学び，大手企業の広報室で働きました。OL生活を謳歌するなか，インテリアコーディネーターに興味を持ち始め，インテリアコーディネーターのスクールへ。建設会社に就職して，インテリアコーディネーターとして働き始めました。25歳のときです。店舗デザインに関わるようになって，忘れかけていた「自分の店を持ちたい」という気持ちが沸いてきました。

——それから飲食店での修行をされたのですね。

　はい。30歳にしてようやく（笑）。フレンチレストランのホール，厨房を経て，いろいろな修行をしました。そば打ちの修行もしていました。体力的にもつらかったのですが，そのときの生活は自分の自信にもつながっていると思います。

　その後，キッチンカーでの屋台バーを始めました。ワインと手打ちそばのバーです。メディアに取り上げられたりもして話題の店となり，4年半ほど続けました。

　結婚をして店は辞めましたが，やはり心にぽっかりと穴が開いてしまって，自宅でできることをやってみようと思い始めました。それで，アーユルヴェー

ダの施術ができる友人と，自宅サロンを始めたんです。私はランチを出しました。それがいまの自宅レストランに続きます。

——フードコーディネータースクールに入学されたのはその後ですか？

　当時50歳でしたが，メディアのフードコーディネートの仕事にも興味があり，老舗のスクールを選んで入学しました。座学だけではなくて，実際に自分で器や小物を選んでのコーディネートなどは大変でしたが楽しかったですね。写真の撮り方，撮影時に見栄えよく仕上げる方法など，実践的な授業で，いまでも役立っていることがたくさんあります。料理教室もやっているので，レシピ作りについてもいろいろ勉強になりました。

——いまのお仕事で楽しいところ，大変なところを教えてください。

　私の料理を「食べるヨガ」と呼んでくださり，「おいしい」「癒される」というお声をいただいたり，翌日はデトックスして「お化粧のノリがいい」とか「体が軽い」，「体重が減った」などの声を聞くと，本当にうれしく，幸せで，やりがいを感じる毎日です。

　大変なのはなかなか自分の時間がとれないことですね。どうしても仕込みやメニュー開発などに時間がとられてしまい…。それも楽しいところではあるのですが。

　昨年より料理教室を「体質改善ごはんラボ」として，より深くアンチエイジングやヴィーガンについての知識をみなさまにお届けできるよう，季節ごとの単発レッスンはもちろん，さまざまな資格取得講座なども開催しています。

——フードコーディネーターを目指す人にアドバイスをお願いします。

　料理関係の仕事は，体力勝負。本当に大変です。本当に好きだということと，しっかりと覚悟をしないとやっていけないと思います。でも，そのぶん楽しいこともたくさんあります。ぜひチャレンジされて，食で人を，世界を幸せにしてください。

自宅で小さなイベントから始めた
レストランは、いまでは3〜4か
月先まで予約が取れない人気店に。
「体質改善ごはんラボ」として料理
教室も人気。イベントなども多数
企画。

活躍する
Food
coordinator
16
▽
音仲紗良さん

食雑誌の編集の仕事のなかで、
フードコーディネートの大切さを実感。
フリーの編集ライターとして活動しながら
スクールに通い、
3年後、編集者ならではの視点を活かし、
フードコンサルティング会社を設立。

PROFILE

おとなか・さら
1987年生まれ／東京都在住

雑誌の編集者から一念発起し，フードコーディネーターの道へ。29歳のときに"食卓に陽だまりを"をコンセプトに株式会社ぽかぽかてーぶるを立ち上げ，食のイベント企画，PR，メニュー・商品開発，スタイリング，撮影，取材執筆までトータルなサービスを展開する。2020年3月にはバインミー専門店「バインミートーキョー」をオープン。

◆ https://pocapocatable.com

——もとは編集者，ライターでいらしたのですね。

　はい。大学卒業後，主に美容や健康，食にまつわる雑誌の編集の仕事をしていました。さまざまな経験のなかで，「フードコーディネートが料理ページ企画のよしあしを左右する」と実感し，フードコーディネーターを目指すようになりました。

　26歳のときに独立し，フリーランスのエディター，ライターとして活動しつつ，フードコーディネータースクールに入学し，フードコーディネーターのいろはを学びました。

——「食」への興味はいつ頃から？

　小さい頃から食べるのが好きで，小学生の頃は毎日テレビ番組の料理コーナーを見ては，ノートにメモをとったりしていました。料理雑誌やグルメ情報誌が愛読誌で，それで何時間もつぶせるような子どもでしたね（笑）。食にまつわる仕事に自然に向かっていったという感じです。

——フードコーディネータースクールはどのように選びましたか？

　まず卒業生にご活躍されている方が多いかどうかということを調べました。あとは，ライターとしての仕事と並行して通うことになりますし，料理の下積みやスキルはなく，26歳という年齢にあせりを感じていたので，半年間で卒業でき，実践的なスキルや知識を短期集中で得ることができるというのが一番の決め手でしたね。また，いくつかのスクールの体験レッスンを受けましたが，内容が濃く，エネルギッシュな校長先生の存在自体にも魅力を感じ，決めました。

——スクールでの半年間で，楽しかったこと，大変だったこと，いまも役に
　　立っていることはどんなことですか？

　課題が多かったので，仕事との両立はなかなか難しかったですね。その分，やりきったときの達成感も大きく，成長を実感できました。

　具体的には，たとえばスタイリングで，差し色の使い方や素材の選び方や盛りつけのポイントなどの基本的なことに加え，最新のスタイリングやコーディ

ネートなどにも触れることができ，常に新しいものを積極的に取り入れていく
姿勢も学ぶことができました。

——29歳のときに会社を立ち上げられましたね。

　フードコンサルティング，広報，メニュー開発，フードコーディネートを行
う会社設立と同時に，ナッツの専門店「ナッツトーキョー」をオープンしまし
た（3年前に離れ，現在は閉店）。さまざまなメディアに取り上げられ，企業
とのコラボ企画を実現したり，ポップアップ出店もしました。2020年には，グ
ルテンフリーのバインミー専門店「バインミートーキョー」をオープン。おか
げさまで，1年間でテレビや雑誌，Webなど約80媒体に取り上げていただき
ました。編集者ならではの視点でトレンドを先読みし，コンセプトワーク，メ
ニュー開発，メディア訴求を同時に行い，スピード感を持って立ち上げること，
ありそうでなかった新たな食のトレンドを生み出すことを得意としています。

　どんなに体によくてもおいしくないと続かないので，“食から健康を”を
テーマに，“おいしくてヘルシー”な食の提案を行い，一人でも多くの方の毎
日の食事を豊かにしたいという思いを持って活動しています。

——フードコーディネーターを目指している人に向けて，アドバイスをお願い
　　します。

　たくさんのフードコーディネーターがいるなかで，自分の強みを見極め，他
者との差別化を明確に活動していくことが，仕事が絶えないフードコーディ
ネーターになる秘訣だと思います。

　私の場合，管理栄養士でも料理人として修業経験があるわけでもないという
のがコンプレックスでしたが，出版社で編集者経験があるというのが強みで，
ターゲット層を明確に設定，把握して，時流に合わせた食の提案とプロモート
活動を同時にこなすことができるというのが強みでした。

　自分の弱みと強みを知っておくこと，そして強みを強化し，弱みと感じると
ころは勉強し続け，その道のプロと交流し続けることが大切だと思います。

2017年に立ち上げた会社では，コンセプトワークから編集，キャスティング，取材，執筆，メニュー開発＆制作，スタイリング，撮影までワンストップサービスを展開。

フードコーディネーターとしては，雑誌や書籍での活動のほか，テレビ出演も。編集者視点ならではのレシピやアドバイスを提供。

仕事に活かすために通い始めたスクールで
さまざまな食への関わり方を知り、独立。
得意分野と経験を活かして活動中。

PROFILE

きたむら・みゆき
1989年生まれ／石川県出身・東京都在住

マンツーマン料理教室"レミュー"、訪日観
光客（インバウンド）向け料理教室
"Beautiful Washoku Cooking"の運営、企
業へのレシピ提案やフードスタイリングな
どを中心に活躍するフードコーディネー
ター。唎酒師、野菜ソムリエなど食関連の
資格を複数保有。

◆ https://www.miyumiyukitchen.com

マンツーマン料理教室『レミュー』

◆ https://www.miyumiyukitchen.com/
private

訪日観光客向け料理教室
『Beautiful Washoku Cooking』

◆ https://www.
beautifulwashokucooking.com

——現在のお仕事内容を教えてください。

まず料理の初心者向けに，料理の基礎を一から体系的に学べるマンツーマンの料理教室を開催しています。料理教室に通いたいけれど，本当に初心者だからグループレッスンは…と思われる方でも安心して学んでいただけます。

また，海外からの旅行客向けの料理教室も開催しています。すしや天ぷら，照り焼きなど海外の方にも人気の高いメニューを紹介しています。デモンストレーション形式に加え，実際に手を動かして作っていただくレッスンで，料理技術，レシピを通して日本の文化，和食の文化の魅力などもお伝えしています。旅行代理店などの企業や官公庁からの依頼で，外国人向けの和食レッスンを運営することもあります。

企業向けには，主にレシピ開発やイベント登壇，宣材写真のフードスタイリングなどを中心に行っています。

——もとは企業で商品企画のお仕事をされていたのですね。在職中にフードコータディネータースクールに通うことにしたのはどうしてですか？

即席カップ麺や袋麺，冷凍食品などを扱う食品メーカーで，生麺や冷凍麺の商品企画や販促企画の仕事をしていました。レシピ提案などの業務もありましたので，仕事に活かせればと思い，仕事を続けながらスクールへ入校しました。

——仕事を続けながらの通学は大変なことも多かったのではないでしょうか？

仕事も忙しく，残業や休日出勤もありましたし，いろいろな資格が取りたくてその勉強も並行して行っていたので，スクールで毎回しっかり出される課題をこなすのは大変でした。

ただ，大変ではありましたが，実践的な授業は，いま振り返ると自分にとってとても大きな力になっていると感じています。一緒に授業を受けるなかで仲良くなった仲間がいたので，楽しくやっていくことができました。

——独立されるきっかけはどんなことだったのですか？

スクールでいろいろ学ぶなかで，ひと口に「食」とはいっても，料理研究家やフードコーディネーターなど，たくさんの関わり方があることを知りました。

それで，メーカーの立場での企画，販促よりも，もっとお客さまに近い仕事をしたいと考え，スクール卒業後に退職し，独立しました。同時に，野菜ソムリエや，唎酒師，豆腐マイスターなど食関連の資格を取得しました。

——そのあとはどのようにして現在のお仕事につなげられたのですか？
　最初は友人を集めて料理教室を開催したり，知人のソムリエとコラボして，ワイン会を開催したりするところから始めました。
　直接お客さまの顔が見える仕事がしたかったので，料理教室を中心に少しずつ広げていきました。企業とのお仕事は，食品メーカーに勤務した経験が活かせたと思っています。

——訪日観光客向けの料理教室も好評のようですね。
　大学では英文学を専攻し，カナダでの留学経験もあったので，英語は得意でした。自分の得意分野の料理と語学が活かせる仕事で，自分自身も楽しくやっています。

——スクールで学んだことで，いまも役に立っているのはどんなことですか？
　お話ししたとおり，スクールに入って「食」との多様な関わり方を知ったということが大きかったですね。具体的には，フードスタイリングはそれまでの仕事では関わったことがありませんでした。でも仕事を進める上で情報を発信することが多いので，スタイリングの基本を学べたことは，料理写真を撮るときなど，とても役に立っています。
　企業向け，雑誌向けなど，受け手によって最適なレシピを考え，提案するという授業は，ストレートにいまの仕事に役立っています。

——フードコーディネーターを目指す人に向けて，メッセージをお願いします。
　大学では畑違いのことを学び，料理を仕事とすることは，当時現実的ではないと思っていました。勇気を出してスクールに通うなかでさまざまな刺激を受け，独立しようと決意することができました。
　今年で5年目になりますが，好きなことを仕事にしているので，大変なこと

もありますが，本当に楽しくやりがいがある日々を送っています。あのときスクールに通って本当に良かったと思っていますし，独立して良かったと感じています。

　人生一度きり！　やらないで後悔するよりやって後悔したほうがいい。迷っているのであれば，一歩踏み出して行動してみてください。

マンツーマンの料理教室は，まったくの初心者やグループでの受講が苦手な人でも安心して参加できると好評。

得意の英語を活かして，外国の方向けの料理教室も企画。レシピだけでなく，日本の文化や和食の魅力などもあわせて伝えている。

" 身につけた教養は，
だれにも取られない "

どれだけ高価な宝石を手に入れても，
いつかはだれかの手に渡ってしまうかもしれない。
でも自分が身につけた知識や教養は，
だれにも奪うことはできません。
それがあなたの一番の財産です。
日々勉強。これに尽きます。

あなたは
フードコーディネーターに
向いている?
向いていない?

フードコーディネーターになるには,
「なりたい!」という気持ちが大事。
そこに少しの努力があれば, さらに道は開けます。
フードコーディネーターには,
どんな人が向いているのか,
センスを養うにはどんなことをしたらいいのか…。
まずは15の設問に, YES・NOで答えてみてください。
いくつのYESがあるか, どんな設問にYESと答えているかで,
あなたの現在の適性がわかります。

1

何よりも，食べることが好き。

□ＹＥＳ　□ＮＯ

「NO」と答えた方，あなたは残念ながら，フードコーディネーターには向いていないかもしれません。

たとえばいま，料理を作るのは苦手だったり，食器やスタイリングはそれほど興味がないという人でも，食べることが好きであれば，フードコーディネーターとして活躍する道は開けてくるはずです。フードコーディネーターを目指すのであれば「食べることが好き」というのは必須条件であると思います。

2

話題の飲食店はこまめにチェックしている。

□YES　　□NO

3

お店で食べた料理を自宅で再現したことがある。

□YES　　□NO

　　これもフードコーディネーターを目指す人には「YES」と答えてほしい
設問です。料理を味わうのはもちろんのこと，メニューの構成や器使い，
テーブルセッティング，客層（年齢，性別，職業，人数…），サービス，
回転率など，さまざまな視点で観察してみてください。この店がなぜ話題
なのか？　を自分なりに分析して，トレンドをつかむのも大切な資質です。
こうしたことができる人は，飲食店のコンサルティング業務などに向いて
いるといえます。

　　将来は自分で飲食店を開きたいと考えている人は，料理の腕を磨くと同
時に，日常的にこうしたことを考えるのも大切な訓練となります。

4

雑誌の料理コーナーや料理がアップされている SNS などをよく見る。

□YES　□NO

媒体に合ったメニュー提案，スタイリングをするためには，その媒体の特徴を的確につかみとり，さらに，そのときそのときのテーマを正しく理解することが大事です。ふだんから料理雑誌に親しんでおくと，どんな料理，スタイリングが求められているのかがわかりますし，盛りつけやスタイリング，レシピの書き方，構成など，参考になることも多いでしょう。この媒体のこのテーマなら，こんな感じでどうでしょうかと提案することもできます。

5

日常的に料理を作っている。

□YES　　□NO

6

自分で作った料理をSNSにアップすることがある。

□YES　　□NO

　1日1回は自分で料理を作ることをおすすめします。実際に料理を作ってみると，この手順は省略できるのでは？　とか，こんなふうに作ればもっと見映えよくなるのでは？　など，気づくことがたくさんあります。食材の旬を知ることもできます。こうした経験が，実用性を兼ね備えた説得力のあるメニュー提案につながるのです。また自分が作った料理を写真に撮って，SNSにあげてみるのもおすすめ。器選び，彩りや盛りつけのバランスなど，自分の好みやクセに気づくこともあるでしょう。フードコーディネーターは，日頃の生活が反映される仕事なのです。

7

人を招いて料理をふるまうことが好き。

□YES　　□NO

8

料理上手とほめられたことがある。

□YES　　□NO

　来てくれる人のことを思いながらメニューを考えたり，器選びやテーブルコーディネートを考えたりすることは，トータルな力を身につけることにつながります。また誕生日やクリスマスなど，行事のあるときはぜひそのシーンにあったコーディネートをしてみましょう。行事の料理やお菓子は雑誌などの企画で必ず取り上げられますから，フードコーディネーターを目指すのであれば，磨きをかけておきたいものです。

　そしてぜひ，家族や友人の意見も聞いてみてください。足りなかった点や自分の思い込みなどが見えてきます。こうして改良を重ねていけば，必ずステップアップにつながります。

9

お菓子やドリンクなど，新製品はたいてい
チェックしている。

□YES　　□NO

　　コンビニエンスストアやデパート，スーパーの食品売り場は，メニュー
開発のヒントがたくさん隠されています。毎日立ち寄って，どんな新製品
があるか，どんなものが売れているのか，チェックしてみましょう。たま
には試食も大切です。売れ筋や市場のトレンドが見えてくると，たとえば
メニュー提案の際も，説得力のある提案ができるものです。また，食品売
り場を目を配りながら歩いてみると，素材の旬などもわかるようになりま
す。

10

食品のモニターになったことがある。

□ＹＥＳ　　□ＮＯ

　食品のモニターを経験してみましょう。気にも留めていなかった商品の使い勝手や，パッケージデザインなどに目を向けるようになります。いままで手に取ったことのなかった商品のよさに気づくかもしれません。ヒット商品を実際に手にとって，いろいろな視点から自分なりの評価をしてみるのもおすすめです。企業向けの商品開発やメニュー提案などの際に必要な力が身につきます。

11

ふだんの食事も器にこだわっている。

□YES　　□NO

12

器の作家名を知っている。

□YES　　□NO

　料理を生かすのも，台無しにするのも器選びが大きく関わってきます。いざコーディネートをしてみようと思っても，実際の生活でないがしろにされていれば，頭で考えていてもなかなかうまくはいきません。器は毎日使うもの。ふだんから自分でこだわりを持って器を選び，経験値を上げて，センスを磨いていきましょう。毎日の生活の積み重ねがコーディネートに反映されます。フードスタイリストを目指すのであれば，ぜひ実践してみてください。

　器の本やカタログを集め，それぞれの特長を活かす使い方を考えるのもいい訓練になります。料理を生かす器，器を生かす料理など，視点を変えてみるのも大切です。

13

お気に入りの雑貨店やフラワーショップがある。

□YES　　□NO

14

雑貨のブランド名を知っている。

□YES　　□NO

　　雑貨店は，季節ごとのディスプレイや新商品に触れるいいチャンスです。好みの店を見つけて，こまめに足を運んでみましょう。ときにはいつもとは違う店をのぞいてみるのもいいですね。年ごと，季節ごとに発行される雑貨ブランドのカタログをチェックするのもおすすめ。どんなものがトレンドなのかがわかるようになります。花やグリーンはテーブルコーディネートのアクセントにもなりますし，毎日の生活に取り入れることで空間をデザインするセンスが養われます。季節感やトレンドも見えてきますよ。

15

お気に入りのスタイリストがいる。

☐YES　　☐NO

　料理雑誌や書籍を見て，スタイリングが素敵だなと思ったとき，スタイリストのクレジットをチェックしてみてください。あなたにスタイリングの感性があれば，きっと同じ名前を何度も見つけることになるはずです。まずはその人のスタイリングを真似してみることから始めましょう。回数を重ねるうちに，自分のオリジナリティが出てくるはずです。

【診断結果】

[YES] が5つ以上
　　↓
フードコーディネーターの適性アリ！

　15の設問のうち，5つ以上，[YES]があった，というあなたは，
すでにフードコーディネーターの適性があるといえます。
　5つ以下の方も，これからこうしたことを意識して接していくことで，
技術やセンスがグッと磨かれていくことでしょう。
　さて，あなたの結果はいかがでしたか？

■2, 3, 4, 5, 6, 7, 8, 9, 10 が [YES]
　↓
「料理家」
　料理を作る人向き

■2, 4, 6, 7, 11, 12, 13, 14, 15 が [YES]
　↓
「フードスタイリスト」
　器などのコーディネートをする人向き

Part

4

フードコーディネーター
スクールって，
どんなところ?

フードコーディネーターになるために，
私もスクールに通いたい！
スクールでは一体どんなことを勉強するの？
どのくらい通わないといけないんだろう？
スクールの一例として，
第一線で活躍するフードコーディネーターを多数輩出している
祐成陽子クッキングアートセミナーの
カリキュラムについて紹介します。

フードコーディネーター養成コース 〈グループレッスン〉

　15名ほどのグループで行うレッスン。週1回，計60時間（2時間×30回）を半年間で受講します。

〈グループレッスンのメリット〉

　・クラスメイトの作品を見ることができ，切磋琢磨できる
　・同じ目標を持った仲間ができ，情報交換できる
　・日程が決められているので予定が立てやすく，通いやすい　など

フードコーディネーターを目指す仲間と情報交換。

受講者は幅広い年代が集まる。男性の受講者も多い。

Step 1

フードコーディネーターとしての基礎

～撮影を意識した料理，スタイリングのテクニックや盛りつけ～

● **撮影用の調理方法**

　美しく撮影するための調理や盛りつけのテクニックを学びます。

● **皿の上のデザイン・盛りつけのバリエーション**

　カラーバランスを学び，盛りつけのパターンを理解します。

　実際に料理を制作し，器に合った盛りつけのコツを学びます。

● **レシピの正しい書き方と調理の下準備について**

　料理の仕事をしていく上で必要不可欠な，レシピの書き方を学びます。

● **料理家としてのフードコーディネート**

　与えられたテーマ，食材を使い，器に合わせたオリジナルのデザインで，フォトジェニックな盛りつけを学びます。

● **スタイリストとしてのフードコーディネート①**

　器まわりのスタイリングを学びます。小物の使い方，配置など雑誌，Web媒体の特徴を押さえたスタイリングも行います。

たくさんの器のなかから，テーマや料理に合わせてチョイス。

実際に料理を制作し，カラーバランスを考えながら盛りつけを学ぶ。

調理から盛りつけ，スタイリングまでを仕上げて，講師から具体的なアドバイスを受ける。

Step 2

料理，スタイリング，撮影の応用力，個性を活かした技術の取得

● メニュー開発のコツ，ポイント

　テーマに合ったメニュー開発の考え方，ポイントを学びます。

● 撮影現場のノウハウ

　仕事依頼が来てから撮影までの動き，スタイリングアイテム等について学びます。

● 求められるフードコーディネーターになるには

　第一線で活躍するフードコーディネーター，SHIORIさん（p.30〜参照）による講義を行います。

授業で使うスタイリングアイテムはスクールオリジナルのものを含め，多数準備されている。

Step 3

働く現場を想定したシミュレーション

●メニュー開発・テーブルコーディネートの実践

　それぞれが料理家，フードスタイリストになり，その役柄を交代しながらレシピ開発，撮影の流れ，仕事の進行，必要な役割などを実際の現場を設定して学びます。スタイリングルームにあるたくさんのアイテムのなかから，テーマに合わせた器などを選ぶ力を養います。

　雑誌向け，企業向けなど目的別のメニュー開発，料理制作，盛りつけやスタイリングなどを実践し，個々にアドバイスを受けます。繰り返し行い，実力をつけていきます。

料理家，スタイリストなど，役割を決めて実際の作業をひと通り実践する。

料理に合わせた器選びだけでなく，器を活かす料理をイメージするのもセンスを磨く方法の一つ。

実際の仕事を想定したメニュー開発やスタイリングを繰り返し，即戦力を養う。

卒業に向けて

〜フードコーディネーター資格取得から，プロとしてデビューするまで〜

● トータルコーディネート

　自ら企画し，テーマに合わせたメニュー開発，スタイリングを行い，プロのカメラマンが撮影します。

● フードコーディネーター資格取得のための作品作り

　資格取得に際して必要な作品作りのためのレッスン。スタイリングのアドバイス，実際にスタイリングしたものを自ら撮影するための指導，また撮影したもののデザイン指導を受け，作品にするまでを学びます。

● 動画と写真でみせる食のビジュアルテクニック

　SNSで公開する食にまつわる動画や写真のトレンドと，動画・写真のいずれかの作品を制作するための実践的なテクニックを学びます。

● 進路相談

　卒業試験およびプロとしてのフードコーディネート力を活かして仕事をする上での進路指南。校長との進路相談。

● 卒業試験

　作品提出と試験合格者にフードコーディネーター資格認定書を発行。

● フードコーディネーター認定書授与

　校長より，フードコーディネーター資格認定書の授与。

（2021年7月現在。カリキュラム，講師等は変更になることがあります。）

実際の仕事の流れに沿って，テーマ決めから調理，スタイリング，撮影までを学ぶ。

資格認定書をもらった日から，プロのフードコーディネーターとしてのキャリアがスタート。

フードコーディネーター養成コース〈プライベートレッスン〉

　マンツーマンで行うレッスン（1回2時間×15回，計30時間）。受講期間はご自身で決められます。1か月に4〜5回の受講なら，最短3か月でフードコーディネーターの資格が取得できます。

〈プライベートレッスンのメリット〉
- 自身のレベルや目的に合わせてカスタマイズした指導が受けられる。
- マンツーマンレッスンで効率よく，確実に実力がつく。
- 都合に合わせて授業日数，日程を決められるので，多忙な人，遠方に在住の場合も通いやすい。
- プライバシーが守られ，外部に知られることなく通える。

　それぞれの希望と方向性の確認，授業日程を決定後，撮影用の調理方法，盛りつけのデザイン，バリエーション（基礎〜応用），レシピの書き方，テーマ・目的別メニュー開発，スタイリングの考え方を学んだ後，メニュー開発，レシピ作成調理，スタイリング，撮影までの一連の流れを実習します。
　プログラムの集大成として自分の作品をトータルプロデュースし，撮影まで行い，レシピのリライト，作品集を仕上げます。最後は進路相談と，認定書の授与を行います。

プライベートレッスンなら，講師とマンツーマンで効率よく授業が受けられる。

テーマを決め，撮影用の料理を制作。

料理に合わせた器やカトラリー，小物を選ぶ。

最終的なビジュアルをイメージしながら，料理を盛りつけ。

最後は自分で調理，スタイリングした作品を撮影。レシピを添えて仕上げる。

"
まねて，学んで，超えていく
"

センスがないと悩んでいる人。

まずは先輩や先生をまねることから始めてみては。

そこから学ぶことはたくさんあるはず。

そして，長く学んでいるうちに，

センスは磨かれていきます。

最初からセンスのある人なんて，ほんの少しですよ。

5

フードコーディネーターの「資格」について知りたい！

フードコーディネーターとして働きたい！
でもそのためには，どんな資格が必要？
どうしたらその資格が取れるの？
フードコーディネーターの資格認定について，
祐成陽子クッキングアートセミナーの祐成二葉先生に
お話をうかがいました。

フードコーディネーター資格は民間資格

　フードコーディネーター資格は，国家資格ではありません。民間団体などが，独自の基準で与える民間資格です。フードビジネスのあらゆる分野にフードコーディネーターが必要で，その内容はさまざまです。フードコーディネーターとして仕事をしていくためには，資格よりも資質が大切。資格が必要ということではありません。

　それでも，これからフードビジネス界に進みたいという人にとっては，こうした資格があれば，有利に働くでしょう。祐成陽子クッキングアートセミナーでは，受講者がカリキュラムを修了し，一定の条件を満たしたときに，「フードコーディネーター資格認定書」を発行しています。私どものレッスンは，現場ですぐに働ける即戦力を身につけることを目標とした，実習が中心の実践的なレッスンが中心です。修了時には受講者全員がそれだけの力を身につけて，すぐに「フードコーディネーター」の肩書きを持って活動することができます。ですから，1級，2級，3級などの区別はなく，一度取得すれば生涯有効となります。取得時の考査料，更新料などはかかりません。

ていねいな進路相談を実施

　祐成陽子クッキングアートセミナーでは，実際にプロとして働くときの具体的なアドバイスを常に行っています。祐成陽子校長自ら，一人ひとりじっくり，納得のいくまで相談に乗ります。卒業後の相談，アドバイスもOKです。

　また，資格を取得し，フードコーディネーターとして活躍する卒業生が，さまざまなシーン，テーマのレシピを紹介するサイト「美膳」（https://bizen-recipe.com）を立ち上げました。企業ともコラボレーションし，フードコーディネーターがより活躍できる場を提供しています。

提出物，卒業試験，出席日数などの条件を満たした人に渡される「フードコーディネーター資格認定書」。これが"実力の証"に。

祐成陽子クッキングアートセミナー校長から，あなたへ。

" いくつになっても
学びを忘れない "

めまぐるしく変化する，現代社会。
年齢や立場にかかわらず，
常に新しい情報を仕入れて，
自分をアップデートし続けること，大事です。
世の中にはまだまだ知らないことがいっぱい。
どんどんインプットしていきましょう。

Part
6

フードコーディネーターは，一生続けられる仕事です！

1988年，日本初のフードコーディネータースクールを開講し，
持ち前の明るさとバイタリティーで，
いまも現役で活躍し続ける，
祐成陽子クッキングアートセミナー校長の祐成陽子先生。
「年齢や経験が，何ひとつムダにならないのが
『食』の仕事です！」と話す先生に，これまでのお話と，
フードコーディネーターを目指すみなさんへの
メッセージをいただきました。

——ご自宅での料理教室が「食」の仕事のスタートだそうですね。

　料理はもともと食べるのも，作るのも大好きでした。短大の家政科を卒業後，花嫁修行の一環として料理教室に通い，当時はまだめずらしかった手作りのアイスクリームやシュークリームを作っては，家族や友人にふるまっていました。結婚後，ご近所の主婦を集めて，自宅で家庭料理の教室を始めました。これがはじまりだったと思います。

　夫の転勤で地方に引っ越すことになりましたが，そのとき，社宅の方々に引っ越しのごあいさつにとパウンドケーキを焼いて持っていったんですよ。とてもよろこんでいただき，それがきっかけで社宅の奥さま方にもお菓子作りを教えるようになりました。当時の社宅は古いし，とても狭いところでしたが，それでも来ていただける方には，すてきな時間を過ごしていただこうと考えて，ランチョンマットを作ったり，いろいろ工夫してテーブルコーディネートをしたりしていました。

　当時，子どもはまだ幼稚園に通っていたので，毎日かわいくて栄養バランスのいいお弁当を持たせていました。そうしたら，幼稚園の先生が「料理を習いたい」といってみんなで来てくれたこともありましたね。子どもに喜んでもらうのはもちろん，先生の目も意識して作っていたので（笑），作った甲斐があったというものです。

　30代半ばで東京に戻ってきました。子育て中だったり，狭いところだったり，環境が整っていなくてもどうにかやっていけると自信もついていましたので，料理とデザートを教える教室を本格的に始めました。

——その後，製菓材料店をオープンされました。

　その頃はいまのように何でも手軽に手に入るというわけではなかったですから，製菓材料や道具類を教室でお分けするようにしたら，とても好評だったんです。それで，お菓子の専門店を出そうとひらめいたのです。資金は私の熱意を理解してくれた夫と，私を信じてくれた友人が出資してくれました。これはもう後には引けない，という気持ちで開店準備を始めました。武蔵小金井の「ケーキハウス」です。開店してみるとたくさんのお客さまが来てくださって，とてもうれしかったのですが，開店1週間を過ぎたら，ぱたりとお客さまが来

なくなってしまいました。親戚や友人が来てくれていたんですね。赤字の日が続いて、どうしたら一般のお客さまにも来ていただけるようになるんだろう、と夜も眠れない日が続きました。

　製菓材料や道具を扱うお店はまだめずらしかったから、まだ時代が追いついていなかったんですね。ひとりよがりだった。そこで心機一転、お店の利用法をアピールするべく、店の材料や道具を使ったお菓子教室をスタートしました。毎日違うお菓子を教えることにして、カレンダーにして配布。年中無休、毎日１人でも、好きなお菓子を選んで受講できるというお客さまファーストのお菓子教室は評判となり、受講者も増えていきました。お客さまの「こうだったらいいのに」という声に応えることが大事だと気づきました。材料を量るのが大変、という声を聞いてお菓子の材料キットを作って販売したり、お酒のボトルキープのように、小麦粉キープ制度を始めたり。当時まだ高価だった型を、合羽橋でオリジナルのケーキ型を作って手頃な値段で販売したりもしました。さまざまなアイデアを一つひとつ形にして、ようやく繁盛店に。開店から４年後、10坪だった店を30坪に拡大、カフェも併設したんです。

――料理教室も続けていらしたんですよね。

　店がどんなに忙しくても、常に新しい料理を提案したいと思い、一度出したレシピは二度と使わないと決めて、自分にプレッシャーをかけながら教室にもエネルギーを注いでいました。それがうけたのか、料理教室もキャンセル待ちが出るくらい繁盛しました。そうこうしているうち、「主婦が起業して大成功！」などとメディアに取り上げられるようにもなりました。

　仕入れや販売、店舗演出のノウハウをお教えすることも増えました。また、その頃タウン誌で始めた連載で、テーブルコーディネートが評判になり、スタイリングを教えてほしいという依頼も多かったことから、フードコーディネーター養成コースを開くことを決めたんです。ヨーロッパ留学から帰国した娘の二葉とともに、1987年、吉祥寺で開講。そちらが軌道に乗り、生徒も増えてきたタイミングで「ケーキハウス」を後輩にまかせ、武蔵小金井の自宅をリフォームして移転し、フードコーディネーターの育成に専念することとなりました。

——フードコーディネーターという職業はまだめずらしかったのではありませんか？

そうですね。でも絶対大丈夫という思いがありました。料理教室も，ケーキハウスもゼロから成功させたという自信があったんですね。

1995年に，東京・四谷に移転しました。場所も便利になったことで，生徒さんもますます増えて，地方からも来てくださる方が増えました。さらに2004年，現在の場所に移転し，おかげさまでいまでは中国や韓国からの留学生もいる人気校になりました。自分の経験に基づいた自信のあることをていねいに教えてきたからこそ，いままで続けてくることができたんですね。人生の経験は何ひとつムダにはなりませんよ。

——70歳になった頃，大きな病気をされたそうですね。

順風満帆だと思っていたはずが，2007年の健康診断でガンが見つかりました。告知の瞬間は声も出ないほど驚き，ショックも大きかったです。何がいけなかったんだろう…としばらくは落ち込みましたが，そうそう落ち込んでばかりもいられない！　ガンなんかに負けてたまるかと気持ちを切り替えて，治療に前向きに取り組みました。もちろん闘病生活は大変でしたが，家族やスタッフにあらためて感謝の気持ちがわいてきたし，生徒さんにも早く会いたかった。それがモチベーションとなって，ますます元気になって復帰することができました。

まだまだやりたいことがたくさんあります。これからももっともっとアイデアや工夫を重ねて，みなさんにいろいろなことをお伝えしたいと思っています。

——フードコーディネーターを目指している方々にアドバイスをお願いします。

自宅での料理教室からケーキ専門店，祐成陽子クッキングアートセミナーと，私が教えた生徒さんは4,000人を超えています。食の世界の第一線で活躍する人もたくさんいます。そして現在も私のところに学びに来てくれるのは，日本全国，そして海外からの生徒さんもいるし，女性だけでなく男性も，年齢も10代から60代まで，いろいろな方々が集まってくれます。食べることは老若男女どんな人にとっても一生続くことですし，それは世界中どこへ行っても変わら

ない。だから，フードコーディネーターは一生続けられる仕事ですし，可能性は無限なんです。

　「迷ったら，GO！」。私がいつも，心に刻んでいる言葉です。悩むくらいなら，進んでしまったほうがいい。失敗も次への糧になるんですから。

37歳のときに「ケーキハウス」をオープン。製菓材料や道具の販売から，作り方の指導まで，画期的な店舗経営で注目を集めた。

趣味の料理がこんなに広がった。

手作りケーキの店、「ケーキハウス」

祐成陽子さん（48歳）

主な内容	料理教室、喫茶店
設立	昭和45年

料理好きの主婦で、近所の人たちを自宅に呼んで作り方を教えはじめたなら、いつの間にかされが料理教室へと発展。

「主人の転勤で九州や京都にいた時に、ものすごく流行った『ものすご』その実績があったので、東京でも絶対大丈夫と自信を持って始めました」という祐成さんは、料理教室を始めて3年目、10坪のスペースで広げてケーキハウスは、料理教室を3倍に広げたケーキハウスのオーナー、フード・コーディネーターとなり、近所のケーキハウスは、料理教室の講師が多かったため、思い切ってオープンしたら、近所の店だけに、いつも珍しいケーキが売れないので、デモンストレーションとしない売れないので、1回1500円（現在は1500円）で、好きな時に参加できる教室を始めました。そこで材料や器具の使い方を教えることで、店で扱う材料や道具を販売するなど、内容の充実には目を見はるものがあります。

現在、祐成さんの収入は、役職にある男性と同じ信頼を得たといわれるほど。

趣味をいかして

「ホーム・クッキング」

小さいうちからできあがったお店屋さん、ケーキ作りのための設備と材料の豊富さがこのうちのケーキ作りの特徴といわれるのです。

主婦が店を開くのが普通のことになってきたから、もっともっとアイディアを生かしていきたい

ケーキ用具店・ティールーム「ケーキハウス」

東京・小金井 祐成陽子さん（46才）

祐成陽子さんのお料理歴は長い。大学は家政科、その後はお菓子専門。その後はパン教室へと発展し、近所の主婦たちに教えるようになった。

「教えるってことは楽しいものね」と言って、よくプロの講演会など生徒さんはどんどん増えて、15年間の教室生活は終わった。つに「世界のお料理とデザート」がミックスされて家庭料理として教えるんです。だから、フランス料理も和食とご飯とおみそ汁もするの。いろいろな種類を集めて。しかもこれからはつらいアプラスを演出することがわかってきたの。

料理ができるから、料理教室のテールームケーキの道具店へと発展。そして10年前、ついに、武蔵小金井駅前でケーキを売るだけではなく、ケーキの道具を売る店、ケーキ教室も。

> ケーキハウスはオープンから4年で、3倍に拡大。料理教室も盛況で、専業主婦から起業し、成功した好例としてさまざまなメディアに取り上げられるように。講演会などに登壇することも多かった。

PROFILE

祐成 陽子（すけなり・ようこ）

祐成陽子クッキングアートセミナー校長。1939年生まれ。自宅での料理教室，製菓材料とお菓子教室の店「ケーキハウス」の運営を経て，1987年，日本で初めてのフードコーディネーター養成校を設立。食の世界の第一線で活躍するフードコーディネーターを多数輩出する。現在，料理家，校長としてのみならず，企業の商品開発，メニュー開発に関わり，「カーブキッチンバサミ（貝印）」ほかヒット商品を数多く生み出すなど，多岐にわたり活躍中。SNSでもいままでの経験を活かしたアドバイス，メッセージを発信中。

https://www.instagram.com/sukenariyoko/

【監修者紹介】

祐成二葉（すけなり・ふたば）

祐成陽子クッキングアートセミナー講師／料理家・フードコーディネーター。ドイツマイスター校卒業。5年間のヨーロッパ留学で世界の料理やお菓子，テーブルコーディネート，店舗演出など幅広く学ぶ。帰国後，祐成陽子クッキングアートセミナーのメイン講師に就任，後輩を育成する一方，フードコーディネーターとして雑誌，書籍でのレシピ考案，スタイリングや，テレビ出演，食育，防災食に関する講演など，活躍の場を広げている。

【編著者紹介】

久保木　薫（くぼき・かおる）

大学卒業後，出版社勤務を経てフリーランスに。独立と同時に短大に入学し，栄養学を学ぶ。現在は書籍や雑誌で料理，食品，栄養など食関連に携わるライターとして活動中。

「食」のプロフェッショナルを目指す
フードコーディネーターの仕事

2021年9月10日　第1版第1刷発行

監修者　祐　成　二　葉
編著者　久　保　木　薫
発行者　山　本　継
発行所　㈱中　央　経　済　社
発売元　㈱中央経済グループ
　　　　パ ブ リ ッ シ ン グ

〒101-0051　東京都千代田区神田神保町1-31-2
電話　03（3293）3371（編集代表）
　　　03（3293）3381（営業代表）
https://www.chuokeizai.co.jp
印刷／昭和情報プロセス㈱
製本／㈲井 上 製 本 所

© 2021
Printed in Japan